ちくま文庫

住み開き 増補版

もう一つのコミュニティづくり

アサダワタル

筑摩書房

住み開き　目次

文庫版まえがき　9
はじめに　14

増補編

京都アカデミックスペース　学森舎《がくしんしゃ》　縦横無尽に「層」をまぜる（京都・左京区・三条京阪）　20
ギルドハウス十日町　「9割の空白性」が生む雑然とした出会いの幸福（新潟・十日町市・美佐島）　26
くるくるハイツ　母子3人がたどり着いた「表現」する古民家（福岡・糸島市）　32
いさざ会館　元美術教員による、子どもの可能性を開く文化会館（京都・舞鶴市・西舞鶴）　38
私《わたくし》カフェ　九谷焼貿易商の末裔が受け継ぐ築100年の町家（石川・能美市・寺井）　44

つちのと舎《や》　震災をきっかけに、体と食と農のつながりを体現（島根・雲南市・木次）　50
たむろ荘　目指すは「家以上、路上未満」（群馬・佐波郡・玉村町）　56
●コラム　住み開きは「ふるまい」をアップデートする　62
●コラム　「不確実性」を味方に。「ルーズプレイス」としての住み開き　66

東京編

cotona mama & baby　ママさん自宅サロン（世田谷区・学芸大学）　70
岡さんのいえ　TOMO　継がれゆくまちのお茶の間（世田谷区・上北沢）　75
行脚庵《あんぎゃあん》　若者たちの持続可能な自宅サロン（世田谷区・新代田）　80
渋家《しぶハウス》　表現型シェアハウスの進行形（渋谷区・恵比寿）　85
good!　家族も国境も超える開放空間（板橋区・幸町）　90
まれびとハウス　型破りなシェアハウス（北区・田端）　95
澤田さんの家　木造長屋の共同育児（文京区・根津）　100
八広 HIGHTI　川沿い工場のシェア型（墨田区・八広）　105
みっちゃんの家　作品に囲まれる日常（墨田区・京島）　110

パブエンジェル　元カラオケボックスを改装（江東区・南砂町）　116
少女まんが館　自宅ライブラリーの変遷（あきる野市・網代）　121

●コラム　住み開き　実践論——9つのコツ　126

大阪編

小島商店　元酒屋が生まれ変わる（淀川区・西中島南方）　132
さわ洞窟ハウス　なんと自宅で博物館！（西淀川区・塚本）　137
千代の家　元写真館は生まれ変わった（福島区・海老江）　141
FLOAT　川沿い倉庫の住み開き（西区・九条）　146
ぶんぶん文庫　自宅図書館で子どもたちと出会う（西区・九条）　151
谷町空庭　誰かの家のような公園のような（中央区・谷町四丁目）　156
2畳大学　新しいまなびのカタチ（中央区・空堀）　161
Rojiroom　都心居住型開放生活（中央区・空堀）　166
アトリエSUYO　自宅教室の枠を超えて（東成区・玉造）　171
物々交換デザイン　シカトキノコ　SOHO＋つながりの場（東成区・鶴橋）　176
雑《ざ》魚《こ》寝《ね》館《かん》　なんと自宅で水族館！（堺市・浅香山）　181

グループ・スコーレ　シニアコミュニティの潤滑油（堺市・泉北ニュータウン）186
●コラム　僕の住み開き原体験　190

各地編

Space BEN　自宅を劇場に（青森・八戸市・柏崎）193
でんかハウス　生活の延長線上でできる表現（京都・東山区・蹴上）198
優人《ゆうと》　福祉制度の垣根を超えて（京都・城陽市・平川鍛治塚）203
sonihouse　音楽家との出会い（奈良・奈良市）208
五月《さつき》が丘まるごと展示会　シニア世代のアートタウン（広島・佐伯区・五月が丘）213
●コラム　住み開きと音楽　218
対話　三浦展さん　シェアと住み開きについて　221
●コラム　仕事を開く　職場を開く　236
対話　松本哉さん、山下陽光さん（素人の乱）　自前でコミュニティをつくる　239

●コラム 3・11 住み開き 疎開 表現 コミュニティ 256
対話 **田中恒子**さん 住み方は、生き方の表現である 261
●コラム 住み開きからネクストステージへ 276
おわりに 281
文庫版あとがきにかえて 288
解説 山崎亮 296

＊本書中の各事例の連絡先は、移転などのために変更される可能性があります。

文庫版まえがき

僕が２００９年に「住《す》み開《びら》き」というコンセプトを提唱してから約10年が経過した。大阪市内で、自宅を自分なりのユニークな方法で無理なく他者に開いている方々がいる。そんな方々を1カ月半かけて訪ね歩いた「住み開きアートプロジェクト」の開催が発端だった。当時はまさかこの言葉が土地を、世代を超えて、アート文脈もはるかに超えて、多方向に広まっていくとは思ってもいなかった。あれから約10年経ったいま、この言葉は僕自身の手から離れ、各地で息づいている。広くコミュニティデザインに関わる、アートやまちづくり、福祉の実践者などによって、魂をこめられた。そんな素晴らしい活動が行われている。本書は「住み開き」という言葉や実践を世間に広める大きな足がかりとなった２０１２年発刊の単行本の、文庫増補版だ。

この文庫増補版の特徴を3点お伝えしよう。

まず1つ目は、新しい事例を7点書き下ろしたこと。単行本では、大阪と東京を中心に、各地の「都市」を取り上げてきたが、今回の書きおろしは京都、新潟、福岡、石川、島根、群馬の地域での活動が大半を占めている。単行本執筆当時は、僕自身も大阪の都市部に住んでおり、「住み開きは、昔ながらの地域のつながりがなくなった都市部で行なうからこそ面白い」と感じていた。しかし、この2010年代に入ってから地方の場づくりに関わる仕事が飛躍的に増え、またプライベートでも大阪を離れ、滋賀に移り住んだり、子どもを授かったり、最近では東京と新潟で2拠点生活を送るなど、徐々に「心身ともに豊かに、持続可能な生活をつくる」ことに関心が強くなってきたのだ。世間的にも2011年に発生した東日本大震災の影響もあって、IターンやUターンが広がる。自ら見出した土地や、再び帰ってきた土地で、住み開きを通じて新しいつながりの方法、共生の方法を生み出そうとしている方々との出会いは、実に刺激的だった。よって、本書の「増補編」で紹介した皆さんはすべて、単行本刊行後の2012年以降、住み開きという言葉をきっかけに、僕とある意味で「出会うべくして出会った」方々だ。そういう意味では「バランス」を考慮して事例を選んだわけではないので当然偏りはあるが、むしろ「住み開き」という言葉が持つ「人と人を繋げる力」が発揮されるプロセスを、少しでも感じ取ってもらえればとても嬉しい。

2つ目は、単行本で取り上げた事例の「その後の変化」について記したことだ。2

012年発刊当時掲載した31事例のうち、実に半数以上が同地での活動を解消し、新たな拠点を設けたり、より一層個人的な趣味やライフワークに辿り着いたり、逆にビジネスとしてより社会化させたりしている。本書では、各実践者に再び連絡を取り、「当時の実践事例の記録」としてそのまま再掲載させていただくと同時に、一部の方々からは「その後の変化」についてメールインタビューを行なった。紙幅の都合上、簡単ではあるがその後の変化についても触れていきたい。

「半数以上も活動を解消している」とだけ聞くと、ネガティブな印象をもたれる読者も多いのではないだろうか。しかし、各人の「その後の変化」をうかがえばうかがうほど、「住み開き」という経験があったからこそ、活動をさらにブラッシュアップできたことや、場づくりにおける哲学といったものを鍛えることができたという意見が多いことにも気がついた。ある実践者が僕に伝えてくれたのは「住み開きは、スタートアップに良い」ということ。先駆的でまだ例がないようなアクションを行なう拠点として、まず「家」から「実験」してみる。そしてじわじわ仲間を増やしていくなかで、より社会化させるためにいずれ「家を飛び出していく」といったように。

また一方で、「自宅」という究極のプライベート空間を拠点とする住み開きは、言わずもがな実践者本人のライフコースの変化と密接に関わる。転職や結婚に伴う引越し、子どもが生まれることによる家族生活の変化、また老いによって身体的に活動を続けにくくなるなど。よってその変化を受け容れた結果として住み開きを終えたという報告もある。しかし、同時に聞くのは「その実践があったから、〝私〟自身の可能性がより開いた」という話だ。確かに目に見えやすい活動は縮小するかもしれないが、大切なのは「私が開く」こと。そのことは以前から伝えてきたことで、プライベートと直結する住み開きという実践ゆえに生み出される価値について、さらに追記することができれば、と僕は考えている。

そして3つ目。それは、住み開きが広まり定着しつつある今だからこそ伝えたい、「〝表現（アート）〟としての住み開きの醍醐味」、それを2編のコラムとして書き下ろした点だ。そもそも住み開きという言葉は、前述したように「住み開きアートプロジェクト」というアート活動の一環から生まれたものだ。音楽を軸に、様々なアート活動を行なってきた僕としては、「地域活性化」や「孤立化対策」に有効な薬として拙速に取り上げられることも多い住み開きの社会性を、「わかりやすい（役に立ちそうな？）社会性」のみに回収されるものではない魅力を再び伝える責任があると、勝手に思っている。端的に言うと、住み開きは、「面白い」のだ。やる人にとっても、訪れる人にとっても。なぜ面白いと僕が思っているのか、その点を表現者としての視点から掘り下げてみたいと思う。

最後に、文庫化の理由について簡単に触れておく。先人たちの過去の事例には、これから住み開きを始めようとする人、あるいは住み開きという方法に限定せずに実験的な小さな場づくりを行なおうとする人たちへの知見がギュッと詰まっている。そこで、単行本に何かしらの影響を受けて実践を新たに始めた人たちが先人たちから何を受け取って、いま自分たちの場をどのように切り開いているのかを今なら書けるかもしれない、と思ったからだ。本書を受け取ることによって、さらに面白い場づくりが世間に広まることを期待している。またこの「住み開き」というコンセプトが、皆さんの手によってさらに成長してゆく姿を見届けていきたいと、心から思っている。

＊単行本掲載のものは、地域ごとになっているが、冒頭の増補版書き下ろしの章は、地域順ではなく、個性のバラエティを感じていただける順にした。

２０１９年10月

はじめに

僕たちは都市に生きながら、様々な空間に対して無意識に役割を与えている。ここは買物をするところ、ご飯を食べるところ、仕事をするところ、恋人とデートをするところ、友人と遊ぶところ、1人で休むところ……といったように。この役割に対応する空間として、例えばショッピングモール、レストラン、オフィス、公園、カラオケボックス、自宅などがあてられる。ここではその空間における自分の役割も無意識の下につくられ、ある時はサービスを受けるお客になり、またある時はサービスを提供する従業員になったりする。例えば、お金を払って飲食しているレストランでは自分で洗い物をしたりはしないだろうし、逆に従業員であればお客に皿洗いを要求することはできないだろう。この場合、お金さえ交換されていれば、お互いが各々の役割を果たすだけで、形式的にはコミュニケーションが成立してしまうのだ。公共施設であっても税金が投入されている以上、市民サービスという名で利用者側と施設側とのコミュニケーションの在り方は大体にして固定的と言えるだろう。

僕はこのことを善し悪しで議論するつもりはない。僕自身もこのような役割の空間がないと、もはや快適に生きていけない身体になってしまっているからだ。でも世の中お金だけが、空間／人間の役割の根拠になっているわけでもない。無縁社会が叫ばれるこんな時代だからこそ、お金に還元されない役割として自らの社会活動を展開し、他者と他者を繫ぎなおしている人たちもたくさん存在する。そういった人たちが語り合う場は、もてなす側／もてなされる側といった関係性を超えて、フラットなコミュニケーションの回路が生まれる空間となって、現に存在しているのだ。そしてそういったコミュニケーションの多くは、個人宅を代表としたプライベートな空間を舞台に繰り広げられている。

例えば友人たちと気軽に語らい合うホームパーティーのようなよくあるものから、造園プランナーによる自宅屋上農園カフェ、近所の子どもが集う絵本図書館や洞窟博物館、部屋がそのままギャラリー、和室2畳分を活用した大学などなど。ユニークな例では、元カラオケボックスの個室数室を世帯分借りて、アトリエ兼シェアハウスを運営しているクリエイターまで存在する。実は僕自身も、住居マンションの一室を数人でシェアし、異業種交流サロンとして運営していたことがある。

みな様々な理由で開いているが、基本的に共通している点がある。それは、無理せず自分のできる範囲で自分の好きなことをきっかけにちょっとだけ開いていること。これは公共施設や商売のためのお店ではなかなかできないことだ。また同時に昭和初期の地域コミュニティにあるような開きっぱなしというのともちょっと違う。とにかく「私」があらゆる条件の核になる。しかしただのエゴではない。個人宅をちょっとだけ開くことで小さなコミュニティが生まれ、自分の仕事や趣味の活動が他者へと自然にかつ確実に共有されていくのだ。そこでは無論、金《かね》の縁ではなく、血縁でもなく、もはや地縁でも会社の縁でもない、それらが有機的に絡み合う「第三の縁」が結ばれるのだ。

僕はこういった活動を、「住み開き」と勝手ながら名付けた。名付けた理由は、こういった活動をしている人が意外とたくさんいることに気付いた時に、もっと増えたら世の中面白くなるだろうと直感で思ったからだ。現に「住み開き」という言葉をどこかで受け取って、実践を始めた例がいくつも登場している。元写真館だった自宅を使って家族アルバムのワークショップを開催している主婦の方、自宅マンションを小さなイベント会場として開いた音楽家などなど。

本書では、東京と大阪の都市部を中心に全31カ所（＊文庫では35カ所）の「住み開き」事例を紹介する。取材期間は2009年夏から2011年春（＊増補編は2018〜2019年取材）。したがって、本書が皆さんの手に届く時には、各々の事例に多少の変化が起きている可能性があることをあらかじめ断っておく。あわせて、僕がこれまで「日常編集家」という肩書きの下、思考してきた「住み開き」に関連するコラム、そして以前から僕が興味を抱いていた3組の方々との対談インタビューを収録した。

とにかく、決して難しく考えないでほしい。できるやり方でやればいい。開くために一から改装をする必要もないし、そういった技術があるならば改装もそれはそれで楽しい（でもあまりお金をかけすぎるときつくなるから経費はほどほどに）。もちろん毎日開く必要なんて全然ない。だってお店や公共施設じゃないんだから。自宅なんだから。開く曜日や時間帯も自分のペースで決めればいい。そして空間も無理に全室開く必要なんて当然ない。子どもが独立してできた空き部屋や、リビングルームだけを開くというので十分だ。そして最初からまったく知らない人を招く必要もない。まずは友人の友人からといったように、徐々にじっくりとコミュニティの輪を広げていくことだってできる。

そして……別に無理して開かなくたっていい。開いているところに参加者として通うということだけでも、これまで味わったことのないようなコミュニケーションの回路を手にいれることができるはずだ。

「私」が少し開くことによる、小さな「公」の場。「住み開き」は、自分の日常生活の中で区切られてしまっている様々な役割――仕事、学業、家事、趣味――といったものを再編集し、人間同士の関係性を限りなくフラットに再構築する。

本書を通して、少しでも皆さんを新しいアクションへと誘うことができれば、僕にとってこれにまさる喜びはない。

2011年秋

住み開き　増補版　もう一つのコミュニティづくり

文庫化にあたって新たに取材した7軒をご紹介します（2018～2019年取材）。

増補編

京都アカデミックスペース　学森舎《がくしんしゃ》【京都・左京区・三条・京阪】

縦横無尽に「層」をまぜる

京都市左京区、三条京阪駅から徒歩5分にある一軒の町家。ここは、建築まちづくり・不動産事業を営む植田元気さんの住居兼オープンサロン「京都アカデミックスペース　学森舎」だ。学生が多い京都ならではの地域性を生かし、広く学問をテーマにしたイベントを企画。これまで「ベーシックインカム入門講座」「仏教カフェ」「音楽と数学の交差点」など、縦横無尽な知の追求を行ってきた。僕自身もこれまで、「非日常の空間の使い方」というテーマでイベントに出演したり、京都でアートを学ぶ学生を引き連れて植田さんと「アートとキャリアデザイン」について語り合う場を設けるなど、この数年様々な形でご一緒してきた。以前から人が集う場が好きだった植田さん。バーやカフェ通いから始め、より生活に近い場としてのシェアハウスに関心を

YouTuberのたむちんさんと小島ふかせさんを呼んだオフ会イベント。

持つ。「靴を脱いで、お茶を飲みながらいろんな人たちとフラットに話せるような場をつくりたかったんです。でも仕事をしていたら店は持てないし」。そんな折に、購入したこの町家に住むことになり、「じゃあ、家から始めてみよう」と「住み開き」を決意した。

2階は植田さん含め数人のメンバーが住むシェアハウスとして、また、美大生を中心に展覧会や演劇などで活用できる多次元ギャラリー「キョロキョロ」を併設。1階は、もう日々、ほんとうに多様な層がイベント開催時に限らず集まっている。

ここで少しばかり、植田さんの経歴に触れたい。彼はこれまで農学、生物学、政策科学など極めて学際的に大学~大学院と渡り歩いてきた。そして2011年4月より大阪市にて公務員になり役所に勤務。男女共同参画から地域経済、人権啓発など様々な部署を経験。そして同年9月に「学森舎」を始めている。その後、2013年3月に役所を退職し、同年4月から再度大学に入り直している。「仕事自体はいろんなことが学べて本当に楽しかったんですよ。でも一方で地域コミュニティが疲弊していく現状を目の当たりにしたり、行政や会社組織で働くことに関しても疑問が湧いてきて」と植田さん。この違和感が彼に、ある気づきを与えた。それは「**生活と仕事を地続きにする暮らし方・働き方**」を生み出すことの大事さだ。「みんなが勤め人である昨今、自らが暮らす街に根付いた生活を送るのはなかなか難しいと思ったんです。だからもっと生活と仕事を一体化させたいなと」。その一体化へのひとつの原動力が「住み開き」だ。「家を開くことで、様々なコミュニティやアクションが暮らしの中から湧き起こります。やがて、そこから仕事に繋がれば」。植田さんは、同志社大学、左京区役所、社会福祉協議会などでコミュニティづくりをテーマにした講義や講演を頻繁に行なうことに。また、一級建築士の仲間とともに、「VOID!」という建築・不動産事業に行政書士という立場で加わり、民泊の立ち上げや空き家活用の相談に応じるなど、京都におけるコミュニティづくりのホープとして、活動の幅を広げて

2階の多次元ギャラリー「キョロキョロ」にて、知人のアーティストの展覧会を開催。

某テレビ番組の制作ディレクターたちと突発的に始まった飲み会。

●京都市左京区超勝寺門前町89番地
Mail：gakusinsya@gmail.com
URL：https://www.facebook.com/gakusinsya/
開室時間：イベント開催時を中心に随時

いるのだ。

そんな京都屈指の住み開きスポットである「学森舎」。しかし、植田さんは運営するうちに数々のトラブルにも見舞われている。「ちょっといろんなタイプの悩みを抱えた人たちが来るようになり。もちろん〝誰でもOK!〟というスタンスで開いてはいるんですが、お金の貸し借りとか、自傷行為とかいろいろ事件がありまして……。何よりもそういうトラブルが重なると、僕も含めて世話をする住民が相当そのことに時間も気力も取られるので、このままでは続けられないなと思いました」。植田さんは、実際これまでも、ある問題を抱えた常連さんを連れて、生活保護の窓口につなぐなども経験。「住み開きは、困っている人の居場所にもなるけど、〝福祉的な役割〟が強まりすぎるとしんどくなります。やっぱり刺激的な出会いが生まれるクリエイティブな場として運営したいので、そのあたりのバランスが必要ですね」と悩みながらも打ち明けてくれた。

植田さんは、最近、**意識的に「層」が固定化しないように**心がけているようだ。「いままで来る層は美大生とかが比較的多かったんですが、最近、有名なYouTuberを呼ぶイベントをやったことをきっかけに、全然違う層へと開かれていったんです。例えば熱烈なファンの高校生が来てくれたり、地元のマイルドヤンキーっぽい子とか」。改めて、今後の方向性を聞いてみた。「いろいろあったので〝ここまで開きまくるのはもうやめるわ！〟とかよく周りに言ってるんですけど、すると〝じゃあこんなことやろうよ！〟とか〝実はここに住みたいって思っているんだけど〟とか相談されて。結局、気づいたら場がアップデートされてゆくというか、まぁもう運命なんでしょうね（笑）」。植田さんは2018年、学森舎の仲間と一緒に京阪七条駅付近に「SLOTH KYOTO」という水タバコカフェを立ち上げた。「学森舎だけでは集まらなかった層と出会える入り口が新たにできました。こうやっていろんなやり方で人と人とが交わる場をこれからも模索していきたいですね」。独特の包容力と抜群の行動力を兼ね備えた植田さんの今後の動きにも目が離せない。

増補編

ギルドハウス十日町

「9割の空白性」が生む雑然とした出会いの幸福

【新潟・十日町市・美佐島】

新潟県十日町市。北越急行ほくほく線美佐島駅から徒歩約20分の中山間地域にある「ギルドハウス十日町」。2015年のオープンから4年半で8000人以上の人が訪れる、ここ数年の住み開きスポットではもっとも注目されている場所だ。「こたつを昨日出したばっかりっていうのもあるんですが、みんな1階に集まっちゃうことが多いですね。ウォームシェアです（笑）」と話し出したのが、主宰の西村治久さん（通称ハルさん）。山奥の実家に帰ってきたかのような築100年以上の古民家には、新潟に移住したい人が交流する場として集まってきたり、地元の人と話したい人が集まったり、仕事場にする人がいたりと目的は様々。現在（2018年10月取材時）、全国から集まった6名がハルさんご夫婦とともに住んでいる。住み始めて1週間の人もいれば、今日が初対面という人の会話も聞こえてくる。住むには最低限の家賃と可能な範囲での生活費が必要だが、賃貸契約はしない。4年半で住んだ人は66名。人によっ

3周年記念パーティー。

コタツでまったりしながら正月恒例となった書き初めが始まる。

て、3カ月だったり、半年だったり、1年だったり。何かを見つけたり思うことがあって出ていく。その連続。

ハルさんは、ウェブプランナーの仕事を東京と新潟で計17年間していたが、2011年、東日本大震災を機に退社。「ちょうど40歳で節目だったことと、東日本大震災があったこと。不安なニュースが目につく一方、SNSの普及で企業に属さなくても個人で何かを発信できるような気がして」。フリーランスで活動を始めるうちにつながりを欲して、当時はまだ少なかったコワーキングスペースの存在を知る。「いろんな職種の人が同じ場所を共有して、隣の人とおしゃべりしたり、自然と新しい仕事に繋がったり。その働き方、場のあり方に衝撃を受けたんです」。ひときわ影響を受けたのがNPO法人と行政が一緒に運営する長野県上田市の事例。そこからハルさんは、全国各地のコワーキングスペースを、3年間かけて行脚。そのうちに仕事場だけでなく、生活拠点としてのゲストハウスやシェアハウスの存在にも興味が湧くことに。「仕事も含めて、生き方全体やコミュニティのあり方を変えられないか」。そこで関心が向いたのが「住まいを開く」という発想だった。人によってシェアハウスにもゲストハウスにもコワーキングスペースにも見える。**様々な要素の受け皿となる「お盆」**として、適しているのは「家」ではないか……。そう考えたハルさんは、あえてビジ

ギルドハウスのハルさん。

●新潟県十日町市津池
Mail：west2538@gmail.com
URL：https://www.facebook.com/guild10kamachi/
開室時間：常時

ネスの要素を取り去り、より多様な人たちがそれぞれの目的で訪れることができる、そんな空き家を各地で探し始めることとなったのだ。

もともと新潟で仕事をしてきた縁もあり、県内の田舎を中心に旅しながら回っていたところ、知人から紹介されて見つけたのがこの家だった。大家さんは地元の農家さん。かつては養蚕を行なっていたそうだ。街中に引っ越したことから空き家になっていたが、雪にも中越地震にも耐えた古民家だ。「立て付けは悪いし傾いてるけど、100年積み重なってきた場の力を感じました」。そうして2015年5月、ギルドハウス十日町をオープン。初期に来たお客さんたちは、ハルさんが旅先で出会った人たちで、リノベーションを手伝ってくれたり。徐々に、十日町の移住者コミュニティを介しても来訪が生まれ、地元の人が利用するケースも生まれた。「実家を出たいという19歳の男の子が、その後お父さんと一緒に〝ここに住みたい〟と来たこともあるんです。とにかく未知なる出会いがどんどん起きます。住人の友達までが寝泊まりするシェアハウスだったらそういうことは起きないんですよ。ウチは全然つながりのないところから来るので（笑）」。僕がうかがったときには、ちょうど離れの家の大家さんの姉妹も立ち寄られていた。ギルドハウス十日町ができたことで、この限界集落にも人の流れが生まれたことを、嬉しそうに語っているのが印象的だった。また美佐島駅の乗降者数が増えるなど、目に見えやすい経済効果も出ているそうだ。

この極めて自由な居場所が成立するうえで重要なのは、ハルさんの管理人としての振る舞いだろう。彼のポリシーは「**1割の計画性と、9割の空白性**」。「まったく何もしないわけじゃあもちろんないですけど、何もしないことに徹する。例えば住民が困ってるんだったら、手を差し延べるところをぐっと我慢する。そうすると、誰かがそれに気づいて何かが起きる。手を差し延べたら、自分の想定内のことしか起きないけど、誰かが手を差し延べて、面白いことが起きるんですよね。この連続」。この感じは、実際に行ってみないとわからないと思うが、住民さんのコミュニケーションがとにかく独特だ。みんなこたつの中でめいめいにスマホやパソコンをいじりながら、時折、お互いの話に入ったり、パスを投げたり。僕が行っても自己紹介を求められることもなく、**いい意味で「放置してくれる」、でもどこかで「支え合っている」**。その絶妙な振る舞いは住民全体にゆるやかに共有されていたのだ。

ハルさんはこう語る。「消費されないようにするにはどうしたらいいのかと考え抜いた結果が〝個人の住まい〟だったんです。そこで時流に流されず、仲間たちと〝自分の時間〟を作ったことで、人生が豊かになった。収入はめちゃめちゃ減りましたが、その分楽しさは増えました。必要最低限あれば、いい。これからも流れに任せて活動していきます」。

増補編

くるくるハイツ【福岡・糸島市】

母子3人がたどり着いた「表現」する古民家

福岡県糸島市。福岡の中心市街地にもほど近く、かつ豊かな海と山に囲まれているため、近年移住地としても注目を集めているエリアだ。そんな糸島にある築93年の古民家を開いている家族がいる。美術家の天野百恵《あまのもえ》さんと7歳の息子さんと2歳の娘さん（2018年11月取材時）の母子3人。シェアハウスやゲストハウス、里山暮らしや、糸島でのトライアルステイ、イベントスペースなど、様々な機能を持った場所としてゆるやかに開放。それが「くるくるハイツ」だ。2017年3月より、参加者を募りながらDIYで改修をスタート。僕が取材に行ったときはまだ各部屋絶賛リノベ中で、至る所に木材や工具が置いてあり、ご近所さんがちょくちょく手伝いに来ていた。

福岡出身の天野さんは、2004年に地元の大学の美術学科を卒業し、関西に移住。神戸や京都などで美術家として精力的に活動していた。結婚し、2010年に息子さ

食べられる野草探しとレクチャーを行なった「里山森とスープ Project」。

夏に行なった改修ワークショップの様子。

んが誕生。子どもができたことで生活と切り離された「アート」ではなく、住むことや、地域に関わること、働くことなどと密接に繋がる表現活動を模索し始める。2012年、当時住んでいた京都市内の町家で「space/moetacu」（スペース／モエタク）という自宅開放型スペースを主宰。約2年間で英語勉強会など、不定期で13回のイベントを開催。「育児でなかなか出歩くことが難しくなったことも関係し、自宅を面白い場所にしたいなって。様々な出会いが生まれる充実した活動でした」と天野さんは振り返る。一方で「その半面、街の中心部で暮らす私の中では核家族育児への違和感が生まれまして。もっと柔らかく、たくさんの人と触れ合いながら、子どもが伸び伸び育つような環境を作れないかと」とも。そんな問題意識を携え、田舎暮らしを体験しようと2013年に和歌山にある「NPO共育学舎」を訪れる。「様々な土地から集う若者が共に生活する暮らしに感銘を受け、私も自分の地元の九州で、こんな場所を作ってみたいと思うようになりました」。そこから場づくりのリサーチも兼ねて、農業をしたい人のための就業体験「WWOOF（ウーフ）」を活用。福岡や熊本、大分にて、息子さんとともに移動生活を送る。大分で拠点を設けるチャンスを得るが、物件のオーナーとの方向性の違いにより計画が頓挫。また、シングルマザーになり、さらに2016年に娘さんの出産を経験。先が見えない不安な日々が続くことに。しか

天野家の家族写真。家の門の前で。

●福岡県糸島市
Mail：contact@moeama.net
URL：http://moeama.net/
開室時間：イベント開催時を中心に随時

し、娘さんが生まれてもなお、というよりもさらに「住むことと一体的でありながら、多様な人たちが寄り合える開かれた場」を作りたいという気持ちは衰えることを知らず。知り合いのつながりを通じて福岡県の糸島市で物件探しを再開。何度も母子3人で糸島を訪れ、2016年11月、ついに現在の古民家と出会うことができたのだ。

くるくるハイツの建物は梁構造が見事な2階建ての古民家だ。まだどの部屋も改修途中ながらも、1階は台所とダイニング、それに約16畳のオープンリビング&ラウンジとして開放。2階は個室ゾーンとして、田舎暮らしに関心のある旅人や友人が滞在するシェア

／ゲストハウス的な場にもなっている。ちょうど、僕が取材をしたときにも2階には2名の滞在者がいて、また1階では「お金にまつわる固定観念をゆるめること」をテーマにしたユニークなワークショップが開催されていた。「〝人がいっぱい来てほしい〟みたいな目標とか成功とかに縛られたくなくて。イベントはあくまで新しい出会いのための切り口ですね」と天野さん。現在彼女は、在宅フリーランサーとしてウェブ関係の仕事をしながら子育てに奮闘しているが、彼女にとってこの場づくりの核は子どもたちの存在だ。「子どもが生まれて感じたことは、人間って〝社会的な生き物〟だってこと。人間が人間として生きていく上で、〝他者との関わり〟が必要不可欠な要素であることを実感するにつれて、やっぱり親だけじゃあ関わりが足りないんですよ。だから、私なりのやり方で、いろんな大人たちとの出会いの場を作りたい。〝世の中にはいろんな人がいる〟とか、〝人を信頼する〟って体験をしてもらいたいんです」。

また一方で、こうも語る。「**子どもの存在を通して、私たち大人が〝社会の歪み〟に気づかされることも多い**。例えば子どもは夜ご飯が早いでしょ。息子が生まれてはじめて5時とか6時に夜ご飯を食べるようになったら、これが人としての本来の夕飯なんじゃないかって。日が暮れる時に食べて暗くなったら寝るっていう人間のリズムを取り戻すような感覚があって。そうなると8時間労働っておかしくないか、とかね」。子どもたちの他者との出会いを育み、と同時に、大人も子どもたちから社会に対する気づきを得る場。母子で住み開く、そんなくるくるハイツならではの根っこにある思いだ。

最後に、天野さんの「表現」にまつわる変化を記したい。彼女は、2018年2〜3月に筑後市の九州芸文館で開催された企画展「藝術生活宣言——だって楽しいんだもん！」に、出展している。その経験は、子育てに奮闘するなかでいわゆる「アート」から距離を取ってきた彼女に、「美術家」としてのアイデンティティを再確認させる機会となった。「展覧会では、くるくるハイツのコンセプトをそのまま展示として表現してみたんです。すると、その表現も、子どもが生まれる前から美術家としてやってきた表現の延長線上にあるんだって、はっとして。私はこれまで絵とか描いてきましたが、絵だと四角い画面で境界があるじゃないですか。立体もしかり。でも、〝私〟っていう存在から他者との関わりが生まれて変化していく〝場〟とか〝関係性〟っていうのかな。そこには明確な境界がない。目に見えないエネルギーがあってそれこそを表現したいんだと思ったんですよ。ずっと仕事と生活と創作活動が分かれていた時代が長かったけど、モエタクやくるくるハイツの活動を通じて、私の暮らしそのものを〝表現〟とすることが、自然にできてきたんだと感じられて嬉しいですね」。

増補編

いさざ会館

【京都・舞鶴市・西舞鶴】

元美術教員による、子どもの可能性を開く文化会館

京都府舞鶴市にある「いさざ会館」。ＪＲ西舞鶴駅前から続くマナイ商店街から少し入った所にある一軒家で、かつては真名井町内会の集会所として活用されていた。ここでは、「アートスペースいさざ」という名の子ども向け造形教室、一般の市民が先生となって多彩な授業を行なう「まいづるご近所大学」、また引きこもり支援や、大人の発達障害にまつわるワークショップなど、「アートと教育と福祉の間」くらいの企画が日々運営されている。主宰の浦岡雄介さんは２０１５年から、この「元集会場」だった場所に「用務員」として住み込みながら運営。「いろいろやっていますが、一番レギュラー的にやっていることは……僕自身の生活ですかね」と、笑いながら語る。

神戸出身の浦岡さんは、小学校高学年の時に父親の転勤で福島県へ。高校卒業後、京都教育大学へ進学し再び関西に戻る。美術教育のコースを卒業し、京都市内の小学

いさざ会館4周年まつりで行われたご近所大学国際観光科補講「ウズベキスタン入門講座」。

お庭でアートワークショップを開催中。

校で常勤講師になるが過労で辞めてしまい、一年休んで学習塾（なぜか数学）やうどん屋のバイトで生計を立てていた。その学習塾で人気講師になり、改めて教えることの面白さに目覚める。そこで、再び京都府に講師登録、母親の出身地であった舞鶴市に運命的に赴任することになった。3年間数学の先生を、5年間特別支援学級の美術の先生を務め、浦岡さんはこんなことを実感する。「舞鶴で子どもたちの将来を、特に障害のある彼ら彼女らのことを考えた時、なかなか都会に出られるわけでもなく、〝この地域で生きていく〟となったら、面白い場所や出来事があまりにも少ないというか。何かこのまちで子どもたちとアクションを起こせないかと考えたんです」。その考えの背景には、東舞鶴のアート系NPO「torindo」との出会いも大きい。「そこに出入りするようになって、人と人が混じり合う、いろんな人がごっちゃになるっていうことはすごくダイナミックなことだなあと心底感じたんです」。そして物件を探していたところ、長年空き家になっていたこの集会所に出会ったのだ。

特別支援学級の教員を辞め、いさざ会館一本で生計が成り立っているのか尋ねると、「いえいえ。NPOに勤務しながらこの会館を活用して引きこもりの方の支援をしたり、舞鶴市内の高齢者施設に出向いて地域サロンの企画運営もやっています。また最近はアルバイトで塾の先生も始めたり。もう何足もわらじを履いてますよ」。ご自身

いさざ会館の浦岡さんとしおりさん。

●京都府舞鶴市字引土309
Mail：ホームページに問い合わせフォームあり
URL：https://www.isazakaikan.com/
開室時間：教室やイベント開催時を中心に随時

でも「根無し草で無計画」としきりに語る浦岡さんだが、僕から見ればやはり「この地域から子どもたちの可能性を広げる」ことを、活動の真ん中に置いていることは間違いない。とりわけ子どもたちの表現活動に着目し、こう語る。「支援学級の子どもたちは自由でめちゃめちゃ面白いものを作るんです。これは学校だけに置いておくのではもったいない！　彼ら彼女らのプライドとか、**生きていくエネルギーを育てて、ちゃんとそれらを評価できる場所**を作りたいんですよ。評価って〝お金になるのかどうか〟といった基準だけじゃない。新しい評価軸を作ることで、他の人たちも〝これもアリなんだ！〟って思ってくれれば。そうやって〝生きやすくしていく〟。僕自身も生きづらいのは嫌なので」。

「いろんなタイプの人がここに来て、話し相手になること自体が面白い」と話す浦岡さん。「特に何の用がなくても〝お前の顔見に来たんや〟って飲み屋のおっちゃんが来たり、ずっと見守ってくれている近所のおばあちゃんも来るし、近所の人の一時的な避難場所になったりね」。浦岡さんは「ここは住み開きっていうよりは、〝開き住み〟って感覚なんです。僕にとっては自分が活動したい場所と住む場所をそもそも分ける必要が感じられないというか、〝もともと使える場所を最大限に使う〟って発想は、torindoでも教わったことで。そもそも〝誰が来てもいい〟的なことは、もともとここが住み込みの集会所だった歴史もあるし、かつてはいろんな人たちが同じようなことをやっていた。近所の子がお腹空かせていたらご飯を食べさすみたいなレベルから」。そう語る一方で、彼にもしんどい時があるそうだ。「とは言え、自分の家でもあるし、僕にだって〝今日はダメだ！〟ってときもあるんです。そんときは堂々と居留守を使いますね（笑）」。でもその浦岡さんのしんどさを感じ取ってか、「不思議とそういうときはガラーッと開けて入って来たりしないんですよね。まぁ一応、間取り的には台所が境界線になっていて、この台所とその奥の和室と2階のスペースはプライベート空間なので、安全な場所は確保してあります」。

浦岡さんが語ってくれたエピソードのなかで、とりわけ僕の琴線に触れたのは、「個人だからこそやれる大胆さ」という言葉だった。「僕は何者でもない。誰に頼まれてやっているわけでもない。でも、個人でしかできない、何にも所属してない人だからこそ大々的に風呂敷を広げてやることって大事じゃないかなって」。住み開きの基本はたった一人の「私」の言葉にできない衝動や問題意識から立ち上がることだ、と僕も思ってきた。だからこそ、他者は「肩書き」や「立場」を超えて、そのたった一人の「私」の謎のアクションにエールを送り、影響を受け、一人ひとりが素直に「私」を表現してゆくのだろう。「ここに来てくれている人が、さらに楽しくなってほしいし。あとは来てくれる人のツボをピンポイントで突《つっ》ける技術があれば、僕は何もしなくていい。**究極、〝何もしない〟**のが理想なんですよ」。

増補編

私《わたくし》カフェ【石川・能美市・寺井】

九谷焼貿易商の末裔が受け継ぐ築100年の町家

　石川県能美市寺井地区。旧北国街道の宿場町として栄え、古くから人の往来が多く、九谷焼をはじめとした文化を継承するまちだ。そんな寺井の町家を「私カフェ」という名前で地域に開いている方がいる。庄川良平さんと美穂さんご夫妻だ。庄川さんは、仕事をリタイアされた2012年より、寺井中心街活性化「てらかつ」協議会のメンバーとして、また、向こう三軒両隣の自助グループ「横町組」の代表として、様々なまちづくり活動に取り組んでいる。なかでも、ご自身が祖父の代から継承した築100年を超える町家を、住みながら開放する私カフェでは、九谷焼の若手作家の展覧会を行なったり、趣味で陶芸を行なう美穂さんとそのお仲間たちの作品即売会を開いたり、地元ゆかりの役者と協力して演劇公演を行なったり。文化を通じて人がゆるやかに交わり語らいあう、そんな素敵な場が生まれているのだ。ちなみに庄川さんと僕との出会いは、2015年11月。能美市主催のまちづくりシンポジウムに僕がゲ

九谷焼研修所で学ぶ女性作家たちが作った器で交流する展示会「ふわふわっと。」。

九谷焼作家による毎年恒例のグループ展「冬支度」。

ストとして登壇した後に開かれた交流会の会場が、「オープン前・改装工事中」の私カフェだった。そこに40人もの人が集い、交流し、その輪に混ぜていただいた。ここからは、庄川さんとの幸せな出会いに至るまでの、彼自身のこれまでの人生について触れよう。

庄川さんは、1946年に旧寺井町で、祖父の代から続く九谷焼商人の家に生まれた。外国人相手に九谷焼を売る貿易商として横浜で育ち、18歳以降はご自身もその道へ。多摩市内にご自宅と仕事場を設け、美穂さんとお子さんたちとともに暮らしてきたが、家業は下火の一途を辿る。40歳を迎えた1987年、明治期から100年近く続いた家業を閉じ、地元の寺井に戻りやり直すことを決意。就職情報誌で職を探し、金沢のビジネスホテルのフロントマンに。以後は、九谷焼との関わりを一切断ち、家族を養うためにひたすら働く日々を送る。そして、ようやく定年を迎えた65歳。地元にまちづくりのフィールドワークに訪れた大学生グループとの交流をきっかけに、再び九谷焼への思いを言葉にするようになった。庄川さんはこう話す。「明治中頃に日本の陶磁器輸出額でナンバーワンを勝ち取った中心はここの九谷焼だったんです。その時の商人たちが店を構えていた一角が、今は影も形もなくなっている。事業を継続できなかった、九谷焼商人としては落ちこぼれの私だけど、祖父から受け継いだ町家

私カフェの庄川さん。

●石川県能美市寺井町ウ11
TEL：0761-57-3869
URL：https://www.facebook.com/watakushicafe/
開室時間：イベント開催時を中心に随時

と商品を処分せずに守ってきたのは、いつかそれが役に立つ日がくるのではないかと思っていたからで。今回は学生さんの研究のお手伝いだったけど、彼ら彼女らとしゃべることによって、余生をかけてやりたいことが少しずつ見えてきました」。

庄川さんは、故郷に戻った1987年に朝日新聞社が募集した投書のコンペで優秀賞を受賞している。お題は「私の住みかえ論」だ。「この年は国際居住年という年でね、それで、祖父から引き継いだ町家に住んで九谷焼で地域を活性化させようみたいなことを書いたんですよ。父に反対されてその論文はお蔵入りしてたんですけど、数年前に改めて見返してみたら、自分の思いはあの頃からずっと変わってなかったんだなって」。ここからは出会いの連続だ。ご近所にある元薬局店舗を再活用した九谷焼工房の若手作家たちとの出会い。そこから焼菓子の店舗を構えたいと願う女性との出会いへと繋がり、薬局の老店主夫妻が住んでいた空き家の再活用が実現。庄川さんは行政への改修補助金の申請や建築家のコーディネートなどで協力している。外からやってくる人がこのまちで何か新しいことを始めたい。その思いを、地元の人として丁寧に汲み取り、自然体で力を貸す。「〝まちづくり〟なんて大それたことを考えていないんです。自己満足。〝私〟が楽しいことの延長でできることがあれば、と思って、若い人たちの活躍を見守ってきたんですが……」と庄川さん。そんな中、焼菓子屋店舗の改修にも関わった建築家、やまだのりこさんとの出会いもあり、ご自身の町家活用構想が現実味を帯びる。「まちににぎわいをと考えている内に、私が出来ることは我が家を活用することではないかと。この町家をコミュニティプレイスとし、地域の人に気楽に出入りしてもらうこと。昔そうであったように、通り土間を奥まで通し、そこにちょっとお茶でも飲めるようなスペースを作りたい。それで、再びやまださんにお願いしたいと思って」。これまで家業のために、家族のために、がむしゃらに働いてきた庄川さん。「この歳まで来たら、少しぐらいわがままをしても許されるのではないかな。もう残された時間は多くないので、今やらないと」。

　そんな折に偶然出会った一冊の本がある。それが実は拙著『住み開き――家から始めるコミュニティ』（本書の単行本）だという。「アサダさんの本で、**この場所をコミュニティプレイスにしたいという地域への思いと、九谷焼の真の魅力を再び伝えたいという個人的な思い**が、ピタッと重なったんです。〝私〟が無理なく〝表現〟することでちょっとだけ〝公〟に繋がる。そう、ここで私がかつてこの家で九谷焼を扱ってきたということをお伝えし、そして九谷焼の若い作家さんの発表の場として開けばいい。これなら〝まちづくり〟などと構えすぎず、〝私〟のやりたいことを自然にできると確信したんです」。そして、能美市役所の都市計画課が主催するシンポジウムのゲスト候補として、「アサダワタルさんという方を招きたい」と提案。冒頭に書いたように、僕が改装工事中のこの町家に来るきっかけが生まれたというわけだ。

　展覧会や日々のまちの仲間との会合などを通じて、地元ですっかり認知された「私カフェ」もオープンから3年経過（2018年10月取材時）した。最近は、ご自身がまちづくりの講座などに招かれるようにもなっている庄川さん。でも、思いの核はあくまで「私」。僕が勝手に提唱したこの「住み開き」というコンセプトを、これほどまでに体現してくれている方がいるとは、僕の方こそ感謝の気持ちしかない。

増補編

つちのと舎《や》【島根・雲南市・木次】

震災をきっかけに、体と食と農のつながりを体現

島根県雲南市木次町。JR木次駅から車で5分ほど、出雲縁結び空港からも30分ほどと、田舎ながら比較的交通の便の良いエリアで、住み開きを行なうご夫婦がいる。三瓶《さんべ》裕美《ひろみ》さんと浩己《ひろき》さんだ。お二人は共に東京育ち。2011年の東日本大震災を機に雲南市に移住し、2014年に空き家付き農地を手に入れて定住。「からだづくりと農ある暮らし」をテーマに、ご自宅を「つちのと舎《や》」という名前で、人が繋がる様々な場づくりを実践している。例えば、環境や脱資本経済などをテーマにしたドキュメンタリー映画をご飯を食べながら鑑賞する「雲南スローシネマカフェ」。子どもから大人まで集まり棉からじっくり糸を紡ぐ「いとつむぎワークショップ　つむぐin雲南」。在来種の種の交換会。ある時は、『脱資本主義宣言』著者でライターの鶴見済さんや、文化人類学者の辻信一さんを招いての座談会も開催。企画の発案は主に裕美さんが担当。お二人の東京時代からのつながりがある人とのコラボ企画もあれば、

ライターの鶴見済さんを招いての座談会。

雲南 UI ターン交流会。

「持ち寄りごはん会」のような地元の人たちが集い合う、比較的ラフなものまで様々だ。ここからはお二人がどういった経緯でこの地に移住してきたのか、そして移住から定住に至るこの数年の暮らしについて、紹介したい。

裕美さんは、1975年東京生まれ東京育ち。日本大学文理学部体育学科在学中から、体づくりに携わる。卒業後は、トレーナー、エステティシャン、セラピストを生業として暮らし、2007年に個人サロンを開業。体と向き合ううちに、食、そして農への興味がわき、貨幣経済に依存しない多様な暮らしのあり方を模索。

ちょうどその時期、日本に紹介された「トランジション・タウン」（エネルギーを大量に消費する社会から、適正な量のエネルギーを使いながら地域の人々が協力し合う、持続可能な社会への移行を目指したネットワーク活動。イギリス発祥の概念）などに影響を受け、震災後に開かれた都内の勉強会で浩己さんと出会うことに。浩己さんは、1982年佐賀生まれ東京育ち。和光大学を卒業し、しばらく音楽活動をしながらフリーターとして過ごす。一念発起して不動産会社に就職しマンションの営業をするも、間もなくリーマンショックが勃発。映画館のスタッフに転職し、職場近くのフェアトレードショップで福岡正信氏の『わら一本の革命』と出会い、農の道を志す。日本有機農業研究会青年部に所属し、数年後に就農できるよう準備をしているところで震災に遭

つちのと舎の三瓶夫妻。

●島根県雲南市木次町寺領1019−22
TEL：080-4130-0225
URL：http://tsuchinotoya.space
開室時間：水曜日12〜21時とイベント開催時に随時

った。ちなみに僕は1979年生まれで、お二人の間の年齢ということもあり、リーマンショックから震災までの2008〜2011年あたりのなんとも言えない「社会のどん詰まり感」が手に取るようにわかる。「このままではダメだ。何か行動しなくては」と、感じた人も多かったはずだ。

お二人は震災後に付き合いはじめ、そして東京を離れて「農のある暮らし」の実現に向けて模索し始める。そこで、たまたまインターネットで見つけたのが、島根県UIターンのサイトでの「地域コーディネーター募集」のお知らせ。「にほんばし島根館」の移住支援コーディネーターに会いに行ったところ「その仕事の募集は終わったけど、雲南市で地域おこし協力隊の仕事があ る」と勧められる。また緊急雇用創出事業の一環で、浩己さんにも職が見つかり、かつ島根県の産業体験制度で1年間の農業研修を受けられるように。お二人の出会い～結婚～移住は、たったの半年の間の出来事だ。裕美さんは話す。「確かにすごいスピードだったかもしれません。でも、ちょうど2011年の夏に個人サロンの賃貸の更新の時期も迫っていたし、私と浩己のなかでは東京を離れることには迷いはなかった。ただなんで島根だったのかと問われれば、ほんとにたまたまとしか言えないんですけど。出雲大社が島根にあるってことすら知らなかったんですから（笑）。でも仕事も見つかって、しかも地域と関われる仕事ですし、ここから農のある暮らしをじわじわ模索しようと思いました」。

裕美さんは2011年から現在（2019年3月取材時）の間に、地域おこし協力隊の仕事のほか、体づくりの本業を生かして地元の小学校でダンスを教えたり、高齢者のサロンで体操指導をしたり。また、地元のコミュニティFMでパーソナリティをしたり、最近では地域おこし協力隊のサポートデスク（専門相談員）として、現役の協力隊の相談に乗るなど、いくつもの生業を掛け合わせている。また、浩己さんは、近くにあるコールセンターの会社に勤めながら、半農半会社員として自然農の畑・田んぼに取り組んでいる。そんなお二人の雲南での仕事・生活の核にあるのが、つちのと舎での実践だ。裕美さんは語る。「確かにいろいろやっているのですが、私のなかでは〝**体と食と農のつながり**〟っていうテーマがあって。その核にあるテーマをもっとも表していけるのが、つちのと舎です。また、定住して1つ拠点を持って活動しているってことから、派生するつながり、仕事も大きいと思っています」。

つちのと舎は、2017年にキッチンを大幅に改修した。それを機に、毎週水曜にカフェを始めた。理由はいくつかある。「以前までは気が向いたときにイベントを通じて開くってスタイルだったんですよ。でも、それだとイベントに関心がある人（特に移住者）以外入ってきにくいかなと思って。〝この日には必ず開いている〟ってわかる方が、地元の人もアクセスしやすいかと」と裕美さん。また、浩己さんは「自由に出入りしてほしいと思う半面、いろいろ相談される機会も増えて。ありがたいことですが、自分たちの生活との兼ね合いもあるので。だから〝水曜だったらいつでもおいで！〟って言えるようになって、楽になりました」とも。時折、地域おこし協力隊の仲間がピアノ伴奏を担当する「歌声喫茶の会」や、上映会も開催。水曜以外もイベントなどに応じて開くなど、「開き方の案配」をその都度コントロールしながら、移住者も地元の人も混じり合う場づくりを丁寧に継続されている。

増補編

たむろ荘【群馬・佐波郡・玉村町】

目指すは「家以上、路上未満」

群馬県佐波郡玉村町にある「たむろ荘」は、本田美咲さん、秋山恵璃さんという群馬県立女子大学の学生（当時）二人によって立ち上げられたシェアハウス兼オープンスペースだ。長期間放置されていた空き家の修繕費をクラウドファンディングで募り、2016年に本格的に活動がスタート。映画上映会やDJイベント、アートや政治などの幅広いジャンルのトークイベントなどが開かれている。事の発端は大学2年生のときの本田さんの「シェアハウスをやりたい」発言から。「物とか家具とかシェアすればそれぞれに必要ないんじゃないかとか、家に後輩とかも泊りに来てるし、その延長でやったらいいんじゃないかって」と本田さん。秋山さん曰く、「やりたいんだけど一緒に住む人がいないって本田が言っていて。周りは冗談半分で聞いてたんだけど私だけが真に受けて〝やりたい！〟って」。彼女たちは、大学の授業で、元醤油蔵だった家を活用した「ひのたまり」というアートスペースの運営に関わって来た。その

玉村町出身のアマチュア落語家さんによる寄席。

友人が企画して店番をしてくれたコーヒー会。

家が2016年に取り壊しとなったことで、イベントスペースが欲しいという思いと、シェアハウスがしたいという思いが重なり、物件探しがスタート。人づてに店舗付き2階建ての物件を見つけたが、家主から「築40年ほどではあるが、あまりにボロくて貸せない」と言われる。しかし、交渉を粘ったところ、最終的に30万円ほどで購入することに。「木造じゃないので、軀体はしっかりしていてまだ住めるかなと。シロアリにはやられてましたけど。塾の教室のような1階スペースは何もいじってないです。2階は雨漏りしていた天井と床を改修しました」と本田さん。

２０１７年、大学4年生の春から住み始めてまずはシンプルにシェアハウスとしてスタート。卒業後、様々な活動を始め、本格的に住み開きを始めた。購入した当初から、その謎のアクション（女子大生が地元の空き家を購入して地域に開こうとしている！的な）が話題を集め、新聞やテレビの取材多数。一躍その名が知れ渡り、メディアでは「古民家再生　まちの交流拠点」などと紹介され話題となる。しかし、「私たちは、そうしたまちづくり的な目的は打ち出してはいないんです」と本田さん。確かにホームページにあるたむろ荘の理念にその態度は現れている。「居ること自体に料金が発生するシステムばかりが増え続け、無意味にたむろすることが困難になりつつあります。〝たむろ荘〟はそんな時流に逆らい、人が自由にごちゃごちゃする場として生ま

たむろ荘の本田さん（右）と秋山さん（左）。

●群馬県佐波郡玉村町大字下新田490-2
Mail：tamurosou@gmail.com
URL：https://tamurosou.wixsite.com/tamurosou
開室時間：カフェ運営をはじめなんとなく常時／イベント開催時を中心に随時。大体11〜21時まで。

れた大喜利みたいなスペースです」と。
本田さんは在宅でデータ入力やライターの仕事を、秋山さんはアルバイトをしながらここに住んでいる。車で10分ぐらいのところに畑も無償で借りて一部自給自足も試みているとか。通常、開けている日は「カフェ」としての営業もしており、カレーを出しているが（一応メニューもある）、本田さん曰く「普通のお家のご飯なので、飲食店としてのクオリティを求めて来る人はいない」とのことだ。地域住民にも応援されていたり、メディアにも登場するたむろ荘。しかし、「本当のところこの子たちは何をしたいんだろう……?!」と各方面から思われているだろう。実際僕自身も、2018年6月に15日間連続開催された「オール・オーライ・大騒ぎ」というイベントの出演打診メールをいただいたときは、気鋭すぎる劇作家、アナキスト、舞踏家などが名を連ねる企画内容を見て「うわー、っていうかこれ企画するこの子ら何者やねん⁉」と突っ込んだことを覚えている。お二人にそこを突くと、「そうですよね。怪しいですよね。でもそれはどこかに偏らないように戦略的に〝曖昧さ〟を保ってきたからなんです」という答えが。「地域活性化のホープみたいにメディアに取り上げられても、お金が欲しくても、私たちは行政の助成金とか銀行のコンペの誘いも踏み止まってきた。怪しいまま拡大できたらそれが一番いいかと」と秋山さんは話す。

「住まい」としてのたむろ荘の魅力をうかがってみた。たむろ荘を運営しているのは本田さんと秋山さんの2人だが、2階に住んでいるのは他にもう1人、つまりシェアハウスとしては3人（～4人）で生活をしている。基本学生で、時に友人の友人や、後輩だったりするようだ。価値観が違う人も住んだことがあるが、すぐいなくなったという。「〝家族でもないから一緒に洗濯物を干さないけどいい？〟って言われて。それはそれですごいなと。そのときの〝家族〟って何を指しているのかと興味を持ちました。一緒に住んでるから一緒に干すし、それでいいじゃないかと思うんだけど、そうじゃない価値基準が根強くあることを知ったというか」と本田さん。秋山さんは「そう。逆に〝家族〟みたいに暮らしているけど、〝家族〟とも言いたくないんですよ。すぐに〝私たち家族みたいだね〟って言うのは胡散臭いし、でも、ビジネスライク的にシェアハウスって考えている人にもここは向いていない。この〝曖昧さ〟を保ってる時点で、とても扱いづらい住まいになっていると思います」。話を聞けば聞くほど、僕はここが「住まい」（2階）であるがゆえに、他者とのコミュニケーションが鍛えられ、その経験値をもってこそ「オープンスペース」（1階）での**より開かれた実験**があるのだと、心底気付かされた。本田さんはこう話す。「今まで何度も〝2人で住むのではだめなの？〟と聞かれました。でも、〝2人で住むだけじゃあダメなんだよ！　それやっちゃったら台無しなんだよ！〟っていう怒りみたいな思いが初期からありましたね。それじゃ全然頑張ってないよと。いろんな人が呼んでもないのに来ちゃったりしないと、面白い場は決して生まれないんです」。彼女たちは言う。目指すは、「**家以上、路上未満**」。今回の取材で僕は、住み開きを提唱し始めたときの衝動的な思いを取り戻した気がした。

住み開きは「ふるまい」をアップデートする

僕は2009年に大阪市内各所で行った「住み開きアートプロジェクト」では、すでに自宅を活用した場づくりをしている方々に会いに行った。そして3名のアーティスト(映画監督、美術家、ミュージシャン)に、普段やっていること(上映会、展覧会、ライブ)をあえて「自宅」でやってもらうイベントも開催した。僕の狙いは、会場が彼ら彼女らの家になることで、「表現の中身」にも影響するだろうということだった。作品がアーティストの家で公開されることで、お客さんは映画館やギャラリーやライブハウスとは違った環境で、「アーティストの日常生活も含めた環境全体」を作品として受け止めることになる。すると、その「日常性」ゆえに、どこかお客さん自身も「自分の日常」と照らし合わせながら鑑賞するうちに、徐々にただの「お客さん」からもう一段階踏み込んだ「参加者」へと変化してゆくのだ。具体的にはアーティストとの対話の距離が近くなったり、生活面も含めた内容へと質問が及んだり、そのうちお茶などを出されたりするなかで、より一層、「作品を観にきた」はずが、「友人の家に遊びにきた」ようなコミュニケーションへと変化していく。一方でそんな平場の関係のなかで、「では始めますね」とパフォーマンスが始まったりもするし、さらに一方で途中で機材が止まってアーティストがテンパり出して、見かねたお客さんが「僕が直します」と手伝ってくれたりして、アーティストとお客さんが「協働」しながらこの「場」を支え始めたり。このようにアーティストもお客さんもお互いの**「ふるまい」を変化**させてゆき、人と人とが関係を超えて繋がりあってゆく、そんなダイナミズムを生み出す表現方法としても、実は「住み開き」は使えるのではないか。僕はずっとそう考えてきたのだ。

最近、「居間 theater」という、それこそ劇場ではない日常的な空間にこだわったパフォーマンスプロジェクトのグループと出会った。2018年夏に、彼女たちの演劇作品を東京都足立区の千住仲町にある歴史情緒あふれる日本家屋で観て、アフタートークとして彼女たちと対談させてもらったときのこと。その日は確か千秋楽で、本来演劇なんてしない家的空間に40名程度がひしめきあって座り、夏場だったからなかなかの熱気。「ここから先が舞台」って感じで線引きされているわけでもない。いつの間にか上演が始まり、演者がお客さんの合間を縫うように歩くシーンがあったり、縁側から突然別の演者が出てきたりとなかなか、日常と非日常が混じりあう不思議なパフォーマンスだ。確かにそうだったのだが、おそらくこの日は彼女たちの目指す「日常と非日常のあわい」を表現するには、ちょっとお客さんが多すぎたんだと思った。ここまでお客さんがびっしりいると、上演前からすでに「日常性」がだいぶ薄まってしまい、しかも演者もある程度（みんなに聞こえるように）声を張らないといけなくなる、でもその声を張っている感じって「そんな大げさな話し方、普通しないでしょ？」っていうあの演劇発話っていうのか。そうやって作品が「より非日常的に展開される状況」になれば、実はお客さんもそれに呼応して「いわゆるお客さん」という態度になっていくのだ。だから、作品と、舞台である家的空間の組み合わせによる「日常と非日常の混ざり方の案配」次第で、ここに居合わせる人たちの「ふるまい」に影響を及ぼすことを、再認識した。

実はコラム「僕の住み開き原体験」（190頁）でも紹介した「208南森町」でも、人が多すぎて「イベント感」が出すぎたときって、シェアメンバーも参加者もちょっと「声を張り出す」のだ。そうなると、僕らも「住民」というよりも「スタッフ」としての属性を強めていくというか、「スタッフとしての演技」が入ってくる。僕たちが意識しない間に、「ふるまい」がデザインされ、「住民―参加者」から「スタッフ―お客さん」という関係へと、コミュニケーションが変化してしまうということだ。アフタートークで「**お客さんはもてなされると、（ただの）お客さんになっていってしまうことをどうするか**」という問題意識を持ちつつ、「劇場は観るためだけに設定されているからそこに何も文句は言われないが、家だと**どういう〝居方〟ができるか**ってところまでを考えないといけない」と話していたことがとても印象に残っている。つまり、家をはじめとした日常の現場を「劇場化」したいのではなく、その日常性も担保した状態を意識しつつ作品を合間に置くことで、「人と人とがどんな関係性を生み出していけるのか」ということが重要だったのだ。

住み開きの面白さは、このようにそこに居合わせる人たちが自らの「ふるまい」に対して自覚的になってゆくことにある。「ふるまい」に対する解像度があがることは、様々な生活現場においてコミュニケーションのバリエーションが増え、その分、人間関係を多様かつ豊かにしてくれる。実はアーティストがやっている仕事の本質は、誰にとってもそれぞれの生活現場で活用しがいのあるクリエイティブなコミュニケーションの提案なのだ。

「不確実性」を味方に。「ルーズプレイス」としての住み開き

「住み開き」を提唱し始めてから、建築家や都市計画関係の方々とご一緒する機会がぐっと増えた。僕は建築のことはズブの素人だけど、それゆえに建築家の視点は僕の「表現観」をときに広げ、ときに深めてくれた。特に建築計画を教える建築家の佐藤慎也さん（日本大学理工学部教授）と、中古住宅や空き家などのストックの再活用について研究する柴田建さん（大分大学理工学部准教授）との出会いは大きかった。建築というものは通常、建築家が用途にあわせて事前に設計（プログラミング）するわけだが、「住み開き」のようにある意味で「用途外」の使い方をユーザーが自律的に行なっていく動き、そしてその動きから人と人とが予想外に繋がるコミュニティが生まれることを、彼らは心底楽しんでいるように思えた。実は佐藤さんや柴田さんとお会いするまでは、僕は建築家に対して、彼らは「この部屋は〝本来〟こういう用途であるべきなのに、勝手にこんなふうに使ってけしからん！」とか、逆に「土間や縁側が〝本来〟持っている機能を、住み開きは果たしている、ふむふむ」ってイメージが強

かった。ちなみに僕は本来とか本物とかって発想がかなり苦手だ。でも、お二人は僕が建築に対してどこかぬぐいきれなかったその感覚を、「それだけじゃないよ」ってずいぶん教えてくださったと思う。そんな縁の積み重ねから、2016年に佐藤さんモデレートのもとで、建築計画家の小野田泰明さん（東北大学大学院都市・建築学専攻教授）と対談させていただく機会があった。そのときにお話されていて印象に残ったのは「建築家がいくら入念にプログラミングしても、ユーザーの行動をコントロールすることは不可能だ」という前提で、このように話してくれたことだった。少し長いが引用しよう。

（前略）建築プログラムで支配できない特性が人間にはある。そういう力を取り込みながら計画する。いや逆に計画し過ぎないで、ルーズにフィットする自由な場所を確保することを考えないといけない。ちょうど今、宮城県石巻の川沿いで復興プロジェクトの一環として、民間のマーケットと公共施設を併設して、まちに人を呼び込む計画に関わっているのですが、川の堤防が4メートルもあるから眺めの良い堤防の上まで住民を上げないといけない。そこで、階段でありながら、子どもたちが遊んだり本を読んだりできるスペースを組み込んだのですが、行政担当からは不確定な部分があるから削って欲しいと言われて、現在攻防中です。ちょっとした余裕を設けておかないと面白くならないし、長く愛されない。でも、遊びの部分を厳しいチェックをかいくぐって生き延びさせるのは難しい。そうした公共事業の居心地の悪さに対して、アサダさんの活動は、それを笑って受け止めつつもう一回ひっくり返している。アートは無力に見えるけど、すごい力を持っているなと感じています。（2016年10月29日〈土〉に3331アーツ千代田ROOM302で開催されたレクチャー「公共空間をつくる／つかう——公と私のあいだの場所」の議事録より転載）

僕はアートというのは、ここで語られている**「不確実性」だったり「無目的な感じ」を、笑って楽しめる力**を持っていると心底思っているのだ。小野田さんもおっしゃるように「ルーズ」であることによって、そこに活動の自由度が保たれ、自律的な「ふるまい」が発生し、そのことで予想もしなかったコミュニティが育まれるってことがある。だけど、この「ルーズ」で「不確実」で一見すれば「無目的」にうつる場所って、確かに行政は嫌がる。そして、別に行政に限らず、世の中には結構な数、この「不確実性」に耐えられない人たちがいる。「ここなんの場所なん？」「なんのためにやってんの？」「それ役に立つの？」「もっと計画的に動かないと時間の無駄だよ」

「もっと効率的にもっと目的をはっきりさせないと」。どうだろう？　これって仕事でヘマしたときに上司から言われるようなセリフだ（笑）。わかる。経済性、効率性、合理性。大事だとは思う。でもね、そればっかりじゃ人は生きづらいのだ。ぜったい生きづらくなる。なぜなら、経済性、効率性、合理性は生きる目的そのものではなく、よりよく生きるために人類が自ら開発したツールでしかないから。でも、そのツールこそが世の中のマジョリティな価値観を生み出し、それらがあまねく浸透していると。だからそれぞれが「私」に立ち返って逆に問い返してほしい。「合理的に生きることって、〝オモロイ〟んか⁉」と。この、「オモロイかどうか」という基準はとても大切だ。で、アートはこの「**オモロイかどうか**」っていう美学的、感性的な価値判断を僕らの人生に取り戻してくれる、かなり有効な装置なのだ。そして、この感性的な体験からすれば「不確実なこと」って逆に「ライブ感があっていいね！」っていう意味で読み替えもできるし、ひいてはそれは、人生に対する「この先どうなるんやろう……？」っていう状況を「不安（ビクビク）」から、「未知（ワクワク）」へと捉えなおす力を与えてくれる。「住み開き」は、いま目の前にある自分のプライベートな現場に対して、「私」を「表現」する舞台として捉え、「用途」や「目的」から解放されながらそれゆえに人と人とがゆるやかに繋がれる「ルーズプレイス」を生み出してくれるのだ。

ここからは単行本収録のものです。取材は2009〜2011年で、2019年に確認済みです。

東京編

cotona mama & baby【東京・世田谷区・学芸大学】

自分の〝素〟を出せるママさん自宅サロン【この形では終了】

東京都世田谷区の閑静な住宅街。若いご夫婦が自宅マンションの一室を開放して、ママ&プレママのためのサロンを立ち上げている。その名は「cotona mama & baby」。主宰されている片岡まきさん、そして運営をサポートする夫の照博さんにお話をうかがった。

この場所を始めたきっかけは、まきさんご自身が妊娠・出産・子育てを経験する中で、様々なジレンマや悩みを抱えたことから。出産前は、建築関係の仕事に就いていたまきさん。深夜残業が日常茶飯事の男性社会の中で、職場で妊娠の辛さを話すことができなかったこと。そしていざ子育てに突入すると、すべてが子ども中心の時間軸

わが子の撮影会。

の中で過ごさないといけないこと。こういった葛藤の中、「同じような境遇にある若いママさん同士が、悩みや希望を共有できる場所を作りたかったんです」とのこと。また、「子どもと一緒にいられて仕事にも繋げられることをしようと思うと、自宅でアクションを起こすのがよいのでは……」と考え、ママさん対象の講座コーディネートを開始。こういった経緯を踏まえ、2008年7月に自宅開放型サロン「cotona mama & baby」を立ち上げる。今では、月3回程、アロマやスクラップブッキング、料理やフラワーアレンジメント、レザー小物作りなど、様々な講座を展開している。

自宅であることのメリットは子どもと一緒にいられること以外にもあるようだ。照博さんは職業柄、インテリアや都市デザインに明るいこともあり、「〝住まい方〟に対してのこだわりを実験できる場所として考えています」と話す。年に数回は必ず模様替えをし、また、まきさんは整理収納アドバイザー1級の資格を取得。自分のクローゼットを開けて自ら実践講座を開くほどの徹底ぶりだ。そう、ここはまさにご夫婦にとっての仕事を見せる「ショールーム」でもあるのだ。そしてさらなるメリットをまきさんは語る。「自宅であることで〝素〟の自分を出すことができるんです」。まきさんはそのことを「ホーム感」という言葉で説明する。自宅を開放する以前の一時期、彼女は知人のスペースを借りて講座を開催していた。しかし、その時に感じていたの

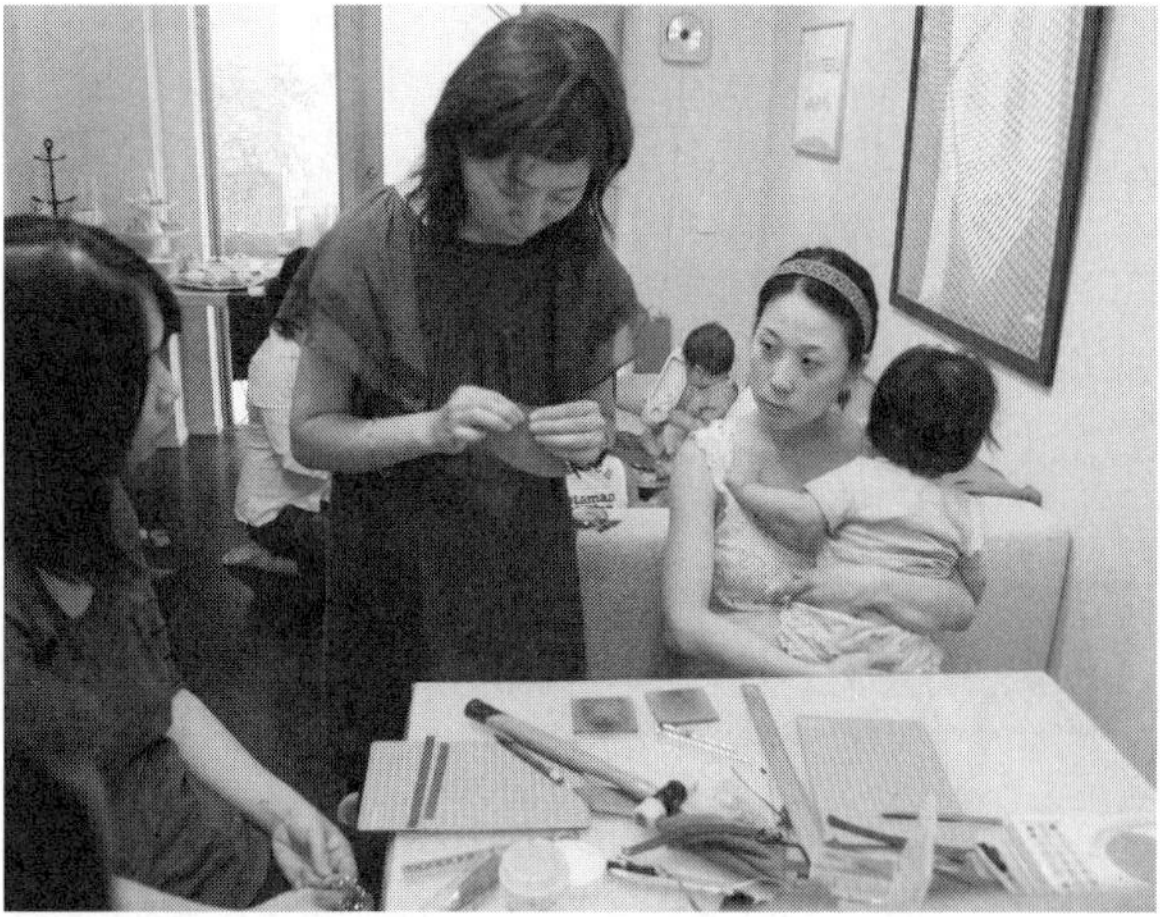

レザー小物作りクラス。他ではなかなかできない人気のクラス。

は「あくまでここは自分の〝ホーム〟ではない」という感覚。確実に「ホーム感」を感じられる場所として、自宅を使うという選択肢は、彼女にとって自然な流れだった。同時にそのことは、ひとつの課題も生み出す。それは、「講座を受けてくれているママさんたちは、ここに〝ホーム感〟を感じてくれているのか」という懸念だ。

まきさんは「ここが私たちの自宅であることによって、かえって気を遣わせている事実もあると思います」と話す。講師陣のクオリティには自信がある。それゆえに料金設定も確かに安くはない。駅からも遠く決して立地の良い場所でもない。「だからこそ、せめてここに来てくれたママさんたちには、日頃の子育てから開放された〝ゆったりした時間〟を過ごしてもらいたい。講座の日はいつまでもいてもらっていいようにに終日開放してます」とまきさん。課題がありつつも、自分たちが仕事で培ってきた専門性を活かしつつ、そのスキルを子育てにまでしなやかに横断させていくお二人の活動。この場所には、生活そのものを創造的に捉えなおす術がたくさん埋め込まれているのだ。

●その後の変化

まきさんがフルタイムで仕事を再開したことに伴い、ママサロンの活動は終了。

東京編

岡さんのいえ　ＴＯＭＯ【東京・世田谷区・上北沢】

継がれゆく遺志　まちのお茶の間

東京都世田谷区にある一軒家「岡さんのいえ　ＴＯＭＯ」。ここは、地域の育児をしている人たちが集まったり、日替わりカフェをしたり、コンサートをしたり。とにかく様々な世代の人たちが集まる「まちのお茶の間」。昭和20年代から近所の子どもたちに英語やピアノを教えていた故・岡ちとせさんの親族である小池良実さんが中心となり運営されている。この家にまつわる歴史、そして現在の活動をうかがった。

小池さんにとって、この場所は少女時代からの思い出の家。親になんとなく言えない悩みがある時は、大叔母にあたる岡さんの家を訪ね、様々な会話を交わした。昭和20年代から地域の子どもたちの英会話教室として、またクリスチャンであった岡さんの仲間たちの賛美歌練習の場として、すでに大いに住み開かれていたこの家。小池さんは岡さんが亡くなるまでリアルタイムでその「**コミュニティの種**」が育っていくのを目の当たりにしていた。「だからこそ、岡さんがいなくなっても、その地域との関係性を繋ぐことができればと思い、この場所を引き継ぐことにしたのです」と小池さん。そして2007年、時を経て再び「岡さんのいえ　TOMO」として、生まれ変わることとなる。

畳の居間にちゃぶ台、そしてピアノ、足踏みオルガン、エレクトーンが所狭しと並ぶ。そしてカレーのいい香り。岡さんが作っていたレシピをそのまま再現した「岡さんのカレー」は、カブが入っていたりミルクをたっぷり使っていたり、とても優しい味。ここでご近所の若いお母さんと赤ちゃんがくつろいでいたり、定年を迎えた男性が、放課後にやってくる子どもたちのために駄菓子屋のおじさんをしていたり。筆者は、ここにいると改めて「家族」という定義について考えさせられる。世代を跨《また》ぐ住み開きは、その時々に応じて、一時的な「家族」を創出するのだと。

さて、ここからは運営に関するユニークな事例。ポイントは玄関に掲げられている「地域共生のいえ」というプレート。小池さん曰く、「世田谷区には、地域コミュニティを活性化させるために、自宅の一室を交流の場として活用する家を支援する制度があるんです」。これが「地域共生のいえ」という仕組みで、一般財団法人世田谷トラストまちづくり（愛称：トラまち）が準備したものだ。申請すると、トラまちから建築家やまちづくりの専門家が派遣され、開く上でのノウハウ支援をしてくれるとのこ

世代を超えてみんなでのんびりくつろぐ。

「岡さんのカレー」を老若男女集って食べる。

と。「普通の住宅街の一軒家ですから、やっぱり不特定多数の人が出入りしていると、どうも怪しむ人がいるみたいで。玄関にこのプレートをつけているだけでも、地域に安心感をあたえる効果はありますね」と小池さん。またトラまちが主催するまちづくりの講座を受けた人たちが「見守り隊」となって、様々な運営面で小池さんをサポートしているらしい。そもそも個人が勝手に自分の家でアクションを起こす活動を「住み開き」として広めていた筆者としては、この「制度とのタッグ」という事例に驚かされる。「3~4年やってみて、みんなにずいぶん主体的に使ってもらえる場所になりました。できるだけ方向性を縛りすぎず、多様性を受け入れられる場所にしていきたいと思います」と小池さん。住み開き遺伝子のさらなる生まれ変わりは、血縁を超えたバージョンへと移行するのかもしれない。

●その後の変化

今も元気に活動を継続中。2020年1月現在、水曜日の開いているデーは食事は提供しておらず、毎月第1水曜日に専門家が淹れるコーヒーとともに「まちの保健室カフェ」を開いている。

地元の子どもたちの即興芝居の様子。

●東京都世田谷区上北沢3-5-7
Mail：okasannoie.tomo@gmail.com
URL：https://www.okasannoie.com/
開室時間：HP で確認を。

東京編

行脚庵《あんぎゃあん》【東京・世田谷区・新代田】

同世代の〝いま〟を共有する持続可能な自宅サロン【この形では終了】

東京都世田谷区、京王井の頭線新代田駅から徒歩1分。何の変哲もないアパートの一室が、毎週金曜晩、20代の若者たちの異文化交流サロンとなる。ここの住人である松本裕也さんに自宅開放の経緯をうかがった。

松本さんは1985年生まれ。平日はIT系企業で働き、休日を活用して国内外問わず様々な土地を旅し、地域づくりのボランティア活動を経験してきた。そして金曜の晩には、同世代の仲間たちが5～6人、多い時は20人ほど、6畳のリビングにぎゅっと詰めかける。社会起業家を志す人、政治家を志す人、会社に勤めながら音楽フェスに通う人、ゲストハウスの主宰者などが参加。共通点は「旅が好き」「人と交流するのが好き」。松本さんの個人的な関心からこのような人的ネットワークが編み上げられている。「大学の頃から、ワークキャンプ（若者が3週間ほど一緒に暮らし、現地住民たちと、環境保護、福祉、農村開発などに取り組む活動）にはまって。もともと旅好きだったこともあり、いつしか海外ボランティアをたくさん経験するようになったんです」と話す松本さん。旅先では常に仲間たちと共同生活を送るため、プライベートもなく、いつしか彼にとって「他人と一緒にいる生活」がスタンダードなものとなる。そして大学を卒業する頃、「社会を変えたいとか、大きなことを考えても自分に何が

住人、松本さんの話を USTREAM で実況中。

ごく普通の駅近アパート2階の一室。

できるのか」と、彼の中で自問自答が始まった。

「ワークキャンプを経験しても、社会に出るとみんな日々の忙しさでそのことを忘れてしまう。僕はその時の出会いを忘れたくないし、自分なりにできる活動を続けたいと思ったんです」。その答えの一つが旅先で出会った全国の面白い人を訪ね歩くプロジェクトだった。その計画は物理的にも実現しがたく断念したが、その発想を「**逆に全国から自宅に招いたらどうだろうか**」と転換させた。それが「行脚庵」の誕生だ。

「この活動だったら会社員をしながらでもできる。僕にとっては会社員3割、その他の活動7割の心持ちで生活してますから（笑）」と松本さん。これまで開催してきた

主に20代半ばの男女が仕事や将来についてざっくばらんに語り合う。

イベントも非常にユニーク。はじまりは２００９年12月の「ミャンマーナイト」から。ミャンマーで難民支援を始めている旅仲間を中心にトークをした。そして「世界同時多発５００人鍋」の下北沢会場となったり、人生の最高の一曲をプレゼンしあうイベントや、松本さんと同い年の１９８５年生まれが集まって語り合うイベント、ウミガメのスープをみんなで作る料理会など、実にアイデア豊富だ。またTwitterなどのソーシャルメディアと連動して参加を呼びかけていることも、人脈を広げるきっかけとなっている。常に心がけていることをうかがうと「内輪にならないように、毎回友人の友人を連れてくることを推奨しています。あと、あくまで自分の家なので汚れには口うるさいです（笑）」と松本さん。ここで出会った人同士が、千葉県君津市の山を活用した事業を展開したり、デザイン発注がなされたり、具体的な仕事を生み出すハブにもなってきている。松本さんのプライベートネットワークが、そのまま彼の自宅で視覚化され、ソーシャルな動きへとダイナミックに発展していく様子を、ライブ感たっぷりで堪能させてもらった。

＊追記：本取材後の２０１１年秋、行脚庵はより多くの人たちが集まる場を作るために、東京都狛江市に移転。４ＤＫのシェアハウスへと転身した。

●その後の変化

単行本での追記で記した東京都狛江市でのコミュニティスペース兼シェアハウスの運営を経て、結婚。そして宮城県石巻市にて復興支援の仕事に関わり、現在は家族で石巻で暮らしている。松本さん曰く「仕事の中でシェアハウスの運営等も行なっていて結果的には、若者たちが様々な人生の選択肢と出会う場を作っていくということが自分のライフワークとして続いているのかなと思っています」。

東京編

渋家《しぶハウス》【東京・渋谷区・恵比寿】

「〝小説〟として借りた」表現型シェアハウスの進行形

東京都渋谷区を拠点に多ジャンルの表現者が集うシェアハウス兼フリースペースがある。その名も「渋家《しぶハウス》」。メンバー構成は、小説家、演出家、ダンサー、エディトリアルデザイナー、写真家、社会学者、メディアアーティスト、クラブオーガナイザー、服飾デザイナー、彫刻家、漫画家、版画家、ホスト、ギャルなど。世代は20代前半がメイン。2008年から約2年半ほどの間に3つの物件を渡り歩きながら、共同生活から生まれるあらゆる出来事を「作品」へと転化させる。本取材では、第1期代表の齋藤桂太さん、第2期代表のとしくにさんにお話をうかがった。

小説家を志望する桂太さんは「小説を書こうと思っていたけど、書くよりも出来事を作った方がよりリアルだと思って。それで、〝小説として集団で家を借りる〟ことにしたんです」と話す。渋谷で借りた理由は「若い人が一番集まってて、変にサブカルっぽくなく大衆的。あと、モテそうだから(笑)」と桂太さん。最初5人から始めたこの家に最も入り浸っていたのは、オープン初日に訪れた演出家のとしくにさん。としくにさん曰く「桂太と共通の知人に連れられふらっと遊びにいったんです。〝これは面白い家だ〟って感動して住みついてしまいました」。徐々にメンバーが増えてきて、より広い家に引っ越した。場所はもちろん渋谷区内。第2期が始まる。連日パフォーマンスイベントや展覧会などを開催。企画はどんどんエスカレートして建物全体に白い布を被せてみたところ、近所から苦情が殺到し、あえなく大家に追い出されることに。そして本取材を行なった2011年1月には、JR恵比寿駅近くの一軒家で第3期が始まったばかりだった。前述した「布被せ事件」が良くも悪くも話題になり、「渋家」の知名度が上がる。その後、メンバーは20人ほどに膨れ上がっていった。

これだけメンバーも多く、かつ不特定多数の人が出入りするシェアハウスとなると、ルール作りが必要だろう。しかし、そのルールは決して多くはなく、必要最低限のものに留まっていた。「違法なことはここではするな」「避妊をしないセックスはするな」「煙草は外で吸え」の3つだ。そしてルール以前の心構えとして「場の空気を読め」「陰口を叩くな」「多数決はとりません」の3つがある。「とりわけ組織を保つために重要なのは、〝陰口を叩くな〟ですね」としくにさん。続けて桂太さん曰く「陰口ではなく、もっと面と向かって喧嘩してくれていい。僕にしてみたら喧嘩して

住人の日常風景。天井に様々なフライヤーが敷き詰められている。

くれないと面白い〝小説〟にならないんですね」。単にシェアしてるだけでなく、そこでの生活に波風が立つことがとても重要なのだ。もうひとつ、金銭面での仕組みも気になるところ。としくにさん曰く「メンバーから毎月3万円を集めています。家賃を超えた分は、機材購入費やイベント企画費に回してます」とのこと。「家賃という言い方をせず、あくまで運営費」であることがポイントで、かつ、扱う額も大きくなってきたことを鑑み、法人化も検討しているらしい（その3カ月後に実際に法人化実現！）。別途イベント専用スペースを借りる余裕もあるのではないかと尋ねると、「拡大路線を取りたいわけではなく、あくまでこの家で、ダラダラ好きなように生活している状態がそのまま仕事にならないかなと。だから家であることが重要なんです」と桂太さん。確かに様々なジャンルのクリエイターが揃っているので、お互いの仕事のスキルをシェアする仕組みは今後ありえるだろう。**「できるだけ好き勝手に生きられる社会を、まずこの家から創る」**。理想の社会システムモデルをプライベートな視点から生み出す「渋家」的な活動は、今後誰かにコピーされつつ、拡散していくに違いない。

＊追記：本取材後の2011年夏、渋家は再び移転し（今度も渋谷）、第4期をスタートさ

せた。

●その後の変化

新拠点にて活動を継続中。

布を被せた第２期渋家の前で記念撮影。

●東京都渋谷区　TEL：080-3367-6582
Mail：shibuhouseinfo@gmail.com
URL：https://www.shibuhouse.com/
開室時間：24時間365日

東京編

good!【東京・板橋区・幸町】

家族も国境も超えて　若者たちの開放空間

東京都板橋区にある一軒家。ここは若者支援をするNPO法人「good!」の事務所であり、スタッフの住居兼共同生活寮でもあり、宿泊できるフリースペースでもある。決して広くはない平屋建ての古い民家に詰め込まれた様々な開放的機能。住み込みで働くスタッフの佐藤吉行さん、長瀬健太郎さんにお話をうかがった。

「good!」は、国内外で実施する〝ボランティア・ワークキャンプ〟を中心とした活動を通して、**若者のきっかけづくりを応援しているNPO法人**。学生、フリーターや社会人、不登校・ひきこもり経験者まで様々な背景を持った若者が活動に参加している。そしてご紹介するこの場所では、ワークキャンプで出会った若者同士が交流したり、宿泊したり、寮生として入寮もできるのだ。「ひきこもっていた学生や、仕事に悩みを抱える一人暮らしの社会人が、ここで一緒にご飯を食べたり、話をしたりすることで、少しでも楽になったり、新たな出会いに繋がれば」と佐藤さん。そもそもこ

今夜は麻婆豆腐！　20人でいただきます。

の家はどのようにして見つけ、いつからこのようなワーク（＝ライフ）スタイルになったのだろうか。

佐藤さん曰く、「ここはその昔、代表の磯田浩司の大叔母さんが住んでいたんです」とのこと。学生時代から世界中を旅していた磯田さんは、日本で旅仲間と再会・交流できるアットホームな場所を求めていた。そこで、大叔母さんが亡くなって以降はほとんど物置となっていたこの場所を新たなコミュニティとして再生することに。またスタッフの長瀬さんは「ワークキャンプに参加した若者の中には、一時的には元気になっても、帰国するとまたひきこもってしまう人たちがいるんです。

彼らがこういった日常的な〝家〟という場所で共に生活できれば、もっと本質的な支援ができると考えたんです」と話す。そういった意味でも、旅と日常を相互に循環させながら支援する仕組みとして、ただの事務所や住居を超えて、開くことを前提に運営されているのだ。

お話をうかがいながら、写真をたくさん見せてもらった。その多くはここでの食事の様子。ほぼ毎日のようにスタッフが人数分の料理を作る。「今日は韓国からのメンバーが来るから全部で20人分のカレーで」「今日は○○君が帰ってくるから買い足してくる」といったように、毎日新しい家族が一時的に出現する。アジアの国々で活動を続けてきたお二人が口を揃えて言ったこと。「電気や水道のないような村では、逆にコミュニティが生きていて、村全体が一つの家族のようになっています。よその家の子どもが遊びに行った家で普通にご飯を食べていたり、もう誰がどの家族かなんてまったくわからないくらい。そして、村ではひきこもりの若者なんていません。竹でできた手作りの家にはひきこもる場所なんてないし。笑顔で支え合いながら暮らす村人たちは、大人も子どもも生きる力に溢れているんです」。逆に言うと、経済的には豊かでも過剰にプライバシーを守り、人と人とのつながりが希薄になっている日本では、生きづらさを抱える若者がどうしても多くなってしまうのだろうか。素晴らしい活動をしている「good!」だが、スタッフのプライベートはどうなっているのだろう。「自分の時間はほとんどないけど、ここにいるみんなは僕にとって本当の家族みたいなものなので、気を遣わずにやっています」と佐藤さん。一方、長瀬さんは「自分のコンディションには関係なくたくさんの人が集まる場所なので、たまにしんどく

スタッフの佐藤さん。玄関前にて。

●東京都板橋区幸町40-1
TEL：03-3973-1631
Mail：info@good.or.jp
URL：http://www.good.or.jp/

なる時もあります。でも、毎日新しい人がやってくるので、関係性が固定化することもなく、新鮮な気持ちで人と向き合うことができています」とのこと。住み開きにおいて、「ケアする人もケアされる」コミュニティのあり方が問われているのかもしれない。

●その後の変化

拠点は老朽化のため取り壊され、2012年夏にすぐ隣のマンションの1階の店舗物件に転居。もとの拠点の落ち着いた雰囲気を少しでも残したいという思いで改修し、居心地のいい空間が誕生。現在では、ひきこもりから自立を目指す若者だけでなく、good! の活動に共感する学生たちも暮らし、さらにマンションの上階には、good! を応援する社会人たちのシェアハウスも誕生。佐藤さん曰く「立場の異なる10〜30代の若者・総勢30名の共同生活は、一人ひとりにとって有意義なものになっています」。

東京編

まれびとハウス【東京・北区・田端】

客人によって開かされていく　型破りなシェアハウス

東京都北区田端にあるマンションの最上階の一室に、20代の社会人、学生が数人で住むシェアハウスがある。「まれびとハウス」と呼ばれるこの家のコンセプトは「ぷらっと寄れるプラットフォーム」。住人（2010年11月取材当時）である内田洋平さんにお話をうかがった。

この「まれびとハウス」はこれまで本書で紹介してきた「住み開き」事例の中でも、とりわけユニークである。しかもそのユニークさが、ビジュアル面ではわかりにくい（リノベーションされているわけでもなく、かつ派手なイベントをしているわけでもない）点に、かえって創造性を感じさせられる。まずこの「まれびと（客人）」という言葉は、民俗学者である折口信夫が生み出した用語で、「外界からの来訪者」を表す。通常のシェアハウスではあくまでメンバーが快適かつ経済的に住むことが目的だが、ここでは客人によってその住環境がクリエイティブに編集され、社会に開かされていく

キッチンとリビングの様子。ごく普通のマンションの体裁。

ことがむしろ主たる目的だ。「まず最初は住人が主体になってイベントをすることで人の流れを作りました。数カ月後には、客人が各々のアイデアを勝手に持ち込んでくれるようになりましたね」と洋平さん。これまで開催されたイベントは、写真美術館、黒めがねナイト、シュウカツ系サロン、映画上映会から料理イベント、メンバーの誕生日会などなど。半年間で1500人を超える来訪があり、瞬く間に世間に認知された。「ちょうどTwitterなどのソーシャルメディアが爆発的に普及したことも手伝って、メンバー各々がネットで呼びかければ20人くらいすぐに集まっちゃうんです」。

さて、このように不特定多数の個性的な客人が毎日訪れる家。この来客の循環が良ければ良いほど、様々なメリットをもたらす。端的に言うと「**住んでることで食える**」という状況が起こり得るのだ。「僕はここに住んでいること以外、極力何もしないようにしてます。自分のことを〝**住職**〟（住むこと＝仕事という意味とお寺の住職をかけて）、もしくは〝ソーシャル乞食〟と考えていますから」と洋平さん。実際に、連日イベントをやっていると差し入れだけでかなりの食材になるし、お金もわずかながら入ってくる。お互いの仕事や学業のスキルを交換することもできる。実家が農家のメンバーがいれば、お米や野菜が定期的に手に入る。学生時代に経済人類学を学んだ洋平さんにとって、こういったシェアシステムの構築はとりわけ重要な関心事のようだ。

ここまで話をうかがって、それでもやはり気になるのはメンバーのプライベートの問題。「まれびとハウス」が通常のシェアハウスと決定的に違うのは「**個室がない**」ということだ。この件について洋平さん曰く「プライベートが欲しいのはわかりますが、プライベートルームはいらないんじゃないかと」。必要に応じて見えない壁を作れるスキルを、メンバーは心得ているらしい。また「本当に1人になりたい時は、〝田端のスタバにでも行ってくれ〟ってことになってます（笑）」とのこと。そもそも

「家＝プライベートスペース」という考え方でシェアをしていないのは、「まれびとハウス」を名乗るゆえんでもあるし、パブリックスペースにプライベートを求めにいく反転思考は大変興味深い。取材後、数カ月して洋平さんはここから旅立った。メンバー自身も広い意味では「まれびと」となってどんどん循環していくこの家から、どんな人材が輩出されていくのか、本当に楽しみだ。

●その後の変化

住民は常に入れ替わりながら活動を継続中。現在は住人の友人などを招くようなセミパブリックとして運営しているので連絡先は非公開だが、住民も募集中なので知り合いづてにコンタクトをとってください、とのこと。

「火星に行こう！」と題して、東大研究員が火星探査の過去と未来について語っている。

●東京都北区田端新町界隈
開室時間：不定期

東京編

澤田さんの家

地域に開かれる子育て、木造長屋の住み開き

【東京・文京区・根津】

東京都文京区は旧根津藍染町。木造長屋が建ち並び植木鉢の緑が生い茂る一画に、ご夫婦と2人のお子さんの若い家族が暮らす。一昔前までは当たり前だった地域による共同の子育て。自然な形で家を地域に開いているご主人の澤田圭司さんにお話をうかがった。

保育士の澤田さんは1979年生まれの愛媛県出身。大学進学と共に上京。最初は長屋の存在自体も知らなかった澤田さんだが、台東区谷中に住む友人の長屋に遊びにいったことがきっかけで、その魅力に取り憑かれる。「ぼろいぶん気兼ねなくいじれるところに魅力を感じましたね」と澤田さん。そして在学中に奥さんの愛樹さんと共に、根津の長屋に引越しをする。そしてご近所付き合いが増えるに連れ、自然に自宅を開放していく流れができた。その中でも直接的なきっかけとなったのは、いわゆる「谷根千《やねせん》」エリアで開催されている街中展覧会「芸工展」を手伝ったこと。澤田さん

こどもの日は路地裏おもちゃ交換市。

曰く「ただ手伝うだけでは面白くないから、自宅を展覧会場として提供してみたんです。そのことがきっかけで地域とのつながりが強くなったり、ネットワークが広がりました」。

そして澤田さんの「住み開き」を語る上で最も大きなこと。それは5歳の草太君と2歳の枯平君（2011年3月取材時）という2人のお子さんの存在だ。「長屋での子育ては泣き声も漏れるし、路地で遊ばせるし、地域に必然的に開かれるんです。それをまた近所の人たちが見守ってくれる。困った時は子育てに協力してくれるんです」と澤田さん。そしてそこは持ちつ持たれつの関係。澤田さんもご近所の中学生に勉強を教えたり。ちょうど筆者が取材にうかがった時も、まるで自分の家のように自然に勉強している女の子の姿を見かけた。そして彼女が帰る時に、今度は草太君と枯平君がついて出て行く。子育てを交換することで、子どもを軸としたコミュニティが自然と成り立つ。こういった普段の付き合いがあるからこそ町内会やPTAに参加することの必然性も生まれる。澤田さんは今の生活を「子どもによって地域に開かされていく感じ」と表現した。

最近では、知人が持ち込んだ企画「火鉢カフェ」を定期的に開催。「企画者の方が愛媛出身（同郷）ということもあって出来る限り協力したいです。お客さんの滞留時

玄関脇の2畳間は子どもたちの茶飲み場。

長屋の台所で子ども草木染めワークショップ。

●東京都文京区（根津藍染町）

Mail：keiji.sawada@gmail.com

URL：http://kosodate-note.jugem.jp/

開室時間：不定期（お問い合わせは Mail まで）

間が長過ぎてまったく儲からないらしいけど（苦笑）」と澤田さん。また昼間は縁側を開けっ放しにしていることもあり、近所に住む友人が時折昼寝をしにくることとも。「僕は〝誰でもオッケー〟ってほど、オープンマインドな人間ではないんだけど、自然に繋がった人たちには開いていきたいと思います」。最後にこれからの展望をお聞きすると「自分にこの街の長屋で暮らす知恵を教えてくれた爺ちゃんがいたように、自分も次世代に何かをしっかり引き継いでいかないといけないって感じ始めてます」とのこと。「**地域に住み開く**」ことの意味を体現している澤田さんに、とりわけ同世代の筆者としては大変学ぶべきことが多かった。

●その後の変化

継続する中で澤田さんは「住み開きの対象が変わってきました」と強調。公園をプレイパークにしたり、道路を歩行者天国にしたり、町会を世代交代したり、範囲や対象が広がり、もはや無節操の極み（笑）。澤田さん曰く、「結局は原点の〝人〟を開くよりほかない、と次は政治家になることにしました。区議選から始まり、誰もが当たり前に政治家になれる町を目指します（目標は２０４０年です）」とのことだ。

東京編

八広HIGHTI【東京・墨田区・八広】

川沿い工場のシェア型住み開き【この形では終了】

東京都墨田区の八広。荒川沿いの工場地帯の中にある「八広HIGHTI」(以下「HIGHTI」)。音楽家、大工、美術家たち計4名(2010年11月取材時)が廃工場を改装し、自宅兼アトリエとして活用。また住人が主体となりパーティーや音楽イベントを主催している。外から見たら、暗くてボロくて……、正直「本当にこんなところに人が住めるのか」というような廃屋っぷりなのだが(HIGHTIのみなさんすみません!)、鉄の階段を上がりドアを開けると、個々の部屋がステキにリノベーションされていて、しかも広い。ロフトやバーカウンターまであり、メンバーの1人は屋上に小屋まで建てていたり(しかも絶景の見晴らし!)。とにかくカッコいいのである。そもそもなぜこのような「工場生活」を始めたのか、メンバーの中野恵一さん、矢代諭史さんにお話をうかがった。

もともと、美術大学仲間であったメンバー同士。日本の住居環境そのものに疑問を持ち、自分たちでイケてる〝マイホーム〟を作ろうと、卒業後に物件を探し始めた。中野さん曰く「メンバーの1人がこの近辺に住んでいて、自転車で物件探しをしていたらここの張り紙を見つけたんです」。張り紙には「駐車場貸します」と書かれていたが気になり尋ねてみると、そこにある建物も空いていることが判明。さっそく大家さんに相談したら即OK。しかし、雨ざらしで埃も多く、とても住める状態ではなかった。そこで2003年4月、メンバー一同で改修作業をスタート。「最初は技術もなく、見様見真似で壁を作ったり、台所を作ったり。現在、大工をしているメンバーもこの作業を経てプロになったんです」と中野さん。改修中は、家の中で廃材を燃やしたり、作業用足場の下で寝たり、楽しくも大変な日々。完成後の間取りは、個室4つ、屋上小屋1つ、リビング、キッチン、バス、トイレ。廃墟が正真正銘の「家」へと生まれ変わった。

「HIGHTI」ではこれまで、「家ライブ」と題した実験的な音楽イベントを企画してきた。リビングを開放し友人たちを招待。多い時は70人ほど入り、一時的なパブリックスペースと化す。2005〜2009年までに30本以上の企画が開催された。2008年以降は隣に外国人労働者の集団が住み込むようになり、騒音に関してのトラブルゆえ徐々に音楽イベントは控え、上映会などを開催し始めている。さて、このよう

海外から来たアーティストが滞在。ライブを披露する。

に書くと「自宅兼ライブハウス」のように聞こえるかもしれないが、矢代さん曰く「ここはあくまで僕らの家であって、決してイベントスペースではないんです。だから知らない人から〝ライブやりたい〟と問い合わせがあっても基本的に断っています」とのこと。このことはイベントに限らず、そもそも「シェアハウス」という考え方にも関係する。「シェアハウスって、メンバーが抜けたらまた誰か募集したりすると思うんですけど、僕らはもともと友だちだったからこそ一緒に住んでいるところがあって。だからメンバーが減ってもよほどのことがない限り募集はしません」と中野さん。初期は5人のメンバーだったが、1人恋人ができて抜け、そして本取材の後、また1人、結婚を機に出て行った。3人になったが、それでも普通にマンションを借りるよりは安く住めているとのことだ。このような「**無理して開きすぎず、気が向けば開く**」というスタンスが、かえって「HIGHTI」のクリエイティビティを高めているように思えるし、彼らの活動から「日常そのものから面白く過ごしておく」ことの意義を改めて教わった気がする。

●その後の変化

2016年まで活動を継続し、メンバーの1人が結婚のため転居したことや、それ以前にこの場所でやりたかった事は大体やりきった、夏暑く冬寒い過酷な暮らしにも疲れてきたなどの理由で、活動を終了。２０１７年12月～２０１８年１月に、活動を回顧する展覧会「HIGHTI展」をAKIBA TAMABIで開催。矢代さん曰く「イベントなどを開催していく活動は副産物で、あくまで住居やアトリエとしての機能を重視していたんだな、とやめてから改めて思ったりしました」。

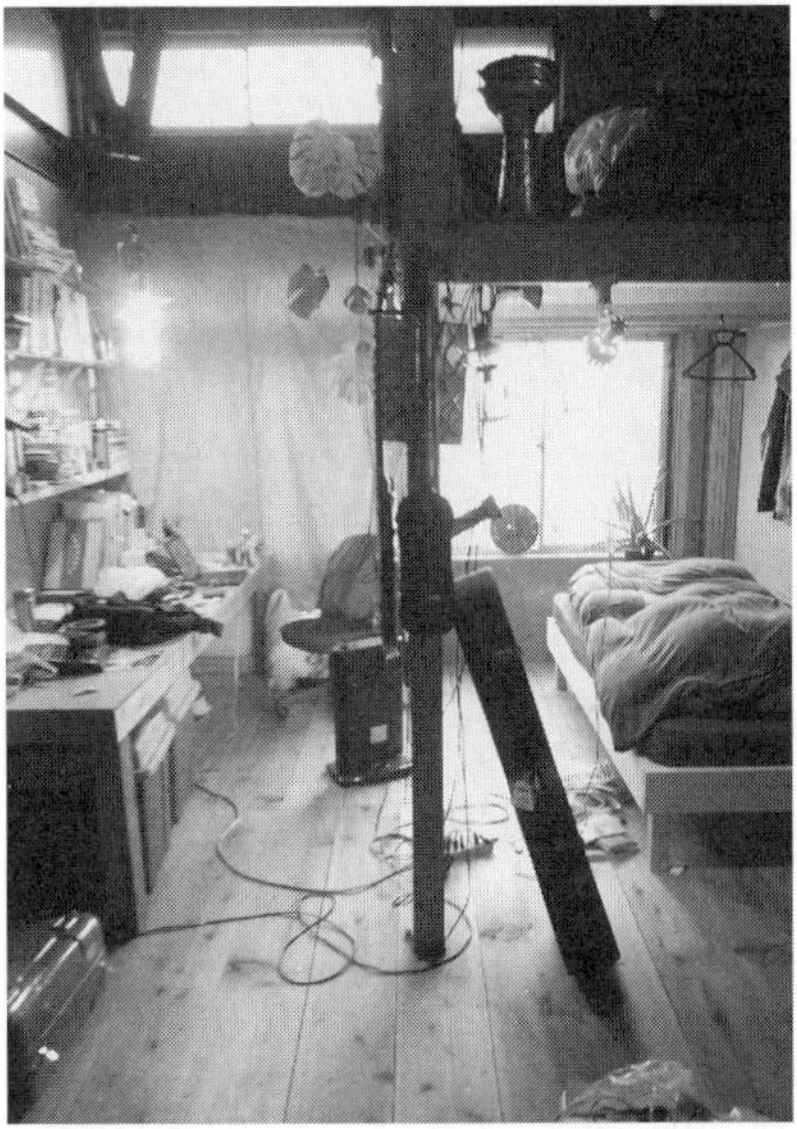

外観とはうって変わって綺麗に改装された個室。ロフトまである。

東京編

みっちゃんの家【東京・墨田区・京島】

作品に囲まれる日常の幸福【この形では終了】

東京都墨田区の京島。向島とともに昔ながらの下町として知られるこの街に、井上美智子さんの自宅兼〝時々〟ギャラリー「みっちゃんの家」がある。平屋＋ロフトの味のある木造建築だ。会社員の美智子さんは鎌倉の実家にいた2005年頃、旅先で出会った仲間から「向島京島エリアが面白い」という話を聞いた。そして縁あって、当時この家に住んでいたデザイナーの渡辺慎二さんと出会い、徐々にこのエリアに住むことに意識が向き始めたらしい。美智子さん曰く「当時は下町の一軒家に住みたいとか特になかったんです。アクセスがよくて、セキュリティがしっかりしているマンションに引っ越そうかと思ってましたから」。実に女性の一人暮らしにありそうな話。「でも、ある時ニュースでこのエリアの特集を観て。近所付き合いの多い地域コミュニティならではの防犯のあり方に感動したんです。〝オートロックでなくとも、ご近所と顔の見える関係であれば、いざとなった時に助け合えるんだ〟と」。そして20

EAT & ART TARO さんによる「ウイスキーの会」の様子。

07年、渡辺さんが別の場所に引っ越すタイミングで、美智子さんがここを引き継ぐことになった。

前の職場が英会話教室だったことや、旅好きであることから、外国人との交流を積極的に行なってきた美智子さん。だから「みっちゃんの家」でも時折ホームパーティーを開いてきたとのこと。そして、友人がイタリア旅行の報告会をした時に、その旅先の写真を壁に展示したことで、ギャラリーとしての可能性に目覚め始める。「素敵な写真に囲まれて生活をすることにすごく幸せを感じたんです。日常の中に非日常があるというか」と美智子さん。加えて2009年に、このエリアで開催されたアートプロジェクト「向島おしょくじプロジェクト」にてボランティアスタッフをしたことがきっかけで、画家の〝キンちゃん〟こと川崎いづみさんと出会う。「彼女の作品にとても惚れ込んでしまって。勢いで〝私の家で展覧会しませんか?〟って誘ってみたんです」。そこで2009年の秋に本格的な展覧会を開催することに。会期は2カ月半。基本は土日のみ。ただし同時期に開催された地域イベントのメイン会期と被る1週間は、便乗して平日も開いた。「会社員なので、土日しか家にいられないので平日はキンちゃんに鍵を渡して常駐してもらいました。会社からキンちゃんとメールで連絡をとりあいながら、〝今自分の家で何かが起きている!〟って考えるだけで楽しか

自宅がその時々にギャラリーへと変身。

川崎いづみ絵画展「留守番鳥」開催中。ロフト部分から見下ろす。

ったです（笑）」。作家の「在廊」ならぬ「在宅」。お客さんの反応も「家で展覧会なんて面白い！」と、概ね好評だったようだ。その後、これまでに計3回、キンちゃんの展覧会を開催してきた。しかし、楽しさと共に課題もあると美智子さん。「会期中は洗濯物を干せない、食器を置きっぱなしにできないなど、生活感を抑える点で苦労しましたね」。その他、間取り的にプライベートを確保しにくかったこと、看板を出すか出さないかなどの課題を、その都度実践しながら整理していった。また、「作家さんとの〝**開き方の感覚**〟が合うか合わないかもとても重要なんです」とも。家ならではの開ききれないジレンマを抱えつつも、そういった制約をむしろ楽しんで、生活に表現をもたらす「みっちゃんの家」。今後はどのような展覧会が開催されるのか、とても楽しみだ。

●その後の変化

美智子さんは、2012年に墨田の長屋を出て鎌倉の実家に戻り、一旦活動は終了。2014年頃からは同市内稲村ヶ崎の住宅用の土地を耕した畑で野菜を作る「畑塾」に参加したり。畑塾オーナーが鎌倉・長谷の中古民家を仲間とリノベーションし、シェアスペースをオープン。2018年夏より、オーナーからの依頼で月1居酒屋「きまぐれ昼呑みカフェ」を、毎月第4土曜日にゆるく開いている。美智子さん曰く「理想のシェアスペース、ひいては理想の自宅を求めてまだまださまよっている状況です」。

東京編

パブエンジェル【東京・江東区・南砂町】【この形では終了】

元カラオケボックスを改装　クリエイターたちのシェア型住み開き

東京都江東区の南砂町。この街に、3階建ての雑居ビルを活用して生活を営むクリエイターたちがいる。メンバー構成は、夫婦1組、カップル2組、独身男性2人の計8名。ジャンルも建築、ウェブ、デザイン、映像、音楽と幅広い。2階の元ビデオレンタル店のスペースを共同アトリエ兼オフィスとして。3階の元カラオケボックススペースをなんと各世帯の個室として改修している。各個室はどれもお洒落にリノベーションされているので、まさかここがかつてカラオケボックスだったとは想像し難い。しかし扉は確かに防音仕様。しかもJASRACのシールまで残っている……。メンバーの内、建築・不動産関係の仕事をする亀森将博さん、ウェブディレクターの上島和也さん、プロダクトデザイナーの石橋鉄志さんと田中カオスさんにお話をうかがった。

そもそもなぜこのような生活を始めたのか。ことのきっかけを持ち込んだ亀森さん曰く「元々メンバーの石橋と上島と僕は東京造形大学で室内建築をやってた同期なんです。卒業後に各々が欧州に留学をしていて、僕はフィンランドでシェア生活経験をしてました」。フィンランドでは若い人がシェア生活をするのはごく普通。他のメンバーも国は違えど現地では同じくシェア生活を経験。「日本に帰って来た時に、やっ

カラオケボックスを改装した個室を見学。

ぱり1人で暮らすのは寂しいかと（笑）。まずは学生時代の親友から声をかけてシェアできる物件を探し始めたんです」。その話にこれまた欧州留学経験のあった他のメンバーも加わり、といった流れで徐々にメンバーが集まる。次は物件発掘のエピソード。上島さん曰く「区内の不動産屋で見つけました。広いし、上は個室に分かれているし〝これだ！〟と。でも行ってみたら、ものすごく暗いし汚かったんですよ」。続けてこう力説。「一軒家も選択肢としてあったんですが、単に生活のためにシェアすること以上の可能性を探りたかった。アトリエやフリースペースを持つことで、自分たちで情報発信をしたかったんです」。最初から住人以外の人でも入って来られるパブリックな機能を望んでいたのだ。だから広さ、音の問題などをクリアーするこの物件がやはり魅力的だったのだ。石橋さん曰く「物件もさることながらメンバー探しも苦労しました。志を共有できて、初期費用を払えて、希望を持って改修作業を続けられるモチベーションを持てる人。ハードル高いでしょ（笑）」。そのハードルを乗り越えてきた人たちがまさしく今の8人のメンバーなのだ。

取材メンバーの内、紅一点の田中さんに課題をうかがう。「楽しいけど女子はなかなか大変。一番は男子が散らかすことですかね（笑）」。これに関しては掃除／ゴミ捨て当番を決め、メーリングリストも設置。家賃徴収に関しても罰金（改修費に回る）

共同スペースでトークイベントを開催中。

を設けるなど運営上の工夫をしている。その他、気をつけていることをうかがうと、「大家さんと良い関係を築くこと」との答えが。ここの大家さんは自らドアを塗り替えてくれたり、とても協力的とのこと。住み開きスペースは不特定多数の人が出入りするがゆえに、不穏なイメージがつきやすい。**活動趣旨をちゃんと大家さんに理解してもらうことは重要だ。**将来の展望を尋ねると「1階の元フィリピンパブも押さえて、何かできないか可能性を探ってます」と石橋さん。このパブの名前が「エンジェル」。メンバーがこの拠点を呼ぶ時の由来がここにある。

●その後の変化

掲載の数年後に、メンバーの仕事と生活の環境変化のために活動終了。

東京編

少女まんが館【東京・あきる野市・網代】

職・住・公を一致させる　自宅ライブラリーの変遷

東京都あきる野市網代。都内とは思えないほどの自然豊かな環境の中に建つ総水色の館。これが自宅ライブラリー「少女まんが館」（愛称：「女ま館」）だ。毎週土曜午後（冬期を除く）に開館され、至るところに少女漫画の棚、棚、棚。その数なんと約4万冊（＊2020年1月現在6万冊）。主宰されている、中野純さん、大井夏代さんご夫妻にお話をうかがった。

最初の構想は1995年。ご夫婦で執筆・編集の仕事を続けてきたお二人は、パソコン通信にて少女漫画好きであることをカミングアウト。すると少女漫画好きを豪語する仲間たちがあれよあれよという間に集まる。そこで思う存分少女漫画を読めるリアルな場所を作ろうという話にまで発展。「当時はネットなんて発達してないから情報のようすがなくて。このままだと愛すべき少女漫画文化が消えてしまうのではないかって危機感がつのったんです」と中野さん。そして、1997年にパソ通仲間から西多摩郡日の出町の古い民家を借り受け、限定公開的に「女ま館」をスタート。「最初は盛り上がったんだけど、なんせ遠くて（苦笑）。だんだんみんな来なくなっていったんです」と大井さん。「これではまずい」と思い、2001年末、お二人は世田谷区から日の出町へ転居。2002年の夏には、ついに毎週木曜午後の定期的な一般公開にまでこぎ着ける。そう、ここからがまさしく「住み開き」の話だ。

「世田谷の時から、元々〝職〟と〝住〟は一体だったんです。そこにさらに〝公〟が加わりました」と中野さん。手始めに裏口のある一番外れの6畳一間を、そして時を経て今度は玄関すぐの6畳二間を漫画の閲覧室として開放した。時期近くして、大井さんが妊娠する。「子どもが生まれたら、〝女ま館〟を続けるのは難しいかなって思ってました。せっかく寄贈してもらった漫画も、子どもの手にかかれば破かれてしまうかもしれないし」とお二人は悩む。そんな時、中野さんは取材先で、ある光景を目撃する。「建築家の遠野未来さんの事務所兼ご自宅にお邪魔した際に、リビングとオフィスとフリースペースが渾然一体になっていて真ん中で赤ちゃんが育てられてたんです。こちらは仕事をしてるし、向こうでは奥さんが家事をしてる。その時〝これでいいんだ〟と確信しました」。こうして、お二人の生活もどんどん開かれていき、住居にとってのリビングと、「女ま館」としての閲覧室がシェアされるような独特なセミ

山村風景に突如として現れる青色の館前で。中野さん大井さんご夫妻。

●東京都あきる野市網代155-5　TEL：042-519-9155（さるすべり）
Mail：jomakan@sarusuberi.co.jp
URL：https://www.nerimadors.or.jp/~jomakan/
開室時間：毎週土曜午後（冬期を除く）

パブリック空間が発生する。

その後、2008年にこの物件が地主の事情で競売にかかり、立ち退くことに。そして2009年4月にあきる野市網代に現在の「新・女ま館」を再オープンした。

「せっかくの充実した蔵書なのになぜもっと都心部に移転しないのか」という意見もあるだろう。しかしそこには、**少女漫画好きならではのこだわり**があった。「山道で迷って、気がつくと突然家がある。遠路はるばる訪ねてきた来館者は〝ここ、ただの家だけど少女まんが館だよね……？〟と不安になる。それで中に入ってみると……。こういった体験自体が少女漫画的だと思いませんか（笑）」と中野さん。だからこそ看板には「少女まんが館？」と「？」がついているのだ。ここには子どもたちもたくさんやってくる。「いつか子どもたちが大人になった時に、〝あの場所ってほんとにあったのかな？　夢だったのかな？〟って感じてもらえれば嬉しいですね」。少女漫画と「住み開き」が合わさった時に立ち現れるファンタジー。この世界の日常には、未だ**僕らの知らない秘密の花園**……がたくさんありそうだ。

●その後の変化

現在も活動を継続中。蔵書数は6万冊になった。

蔵書数はまさに圧巻。階段も棚として活用されている。

住み開き　実践論
——9つのコツ

大仰なタイトルだが、要は「住み開き」を実践するにあたって、押さえておくべきポイントを僕なりにまとめてみた。是非参考にしてほしい。

●目玉を用意する

要は「本がたくさん読める」とか「生演奏を聞ける」とか「料理がおいしい」とか「綺麗なガーデニングが見られる」とか「住人が超個性的」とか。なんでもいいのだが、「住み開き」をする住人の得意技を存分に生かせるような環境づくりを意識してほしい。ざっと「物がある系／ない系」に分けられる。例えば本書で紹介している「さわ洞窟ハウス」「雑魚寝館」「少女まんが館」「Rojiroom」「ぶんぶん文庫」「五月が丘まるごと展示会」などは、わかりやすく「**自宅ミュージアム**」であったり「**自宅ギャラリー**」と言えるだろう。また、建物そのものがとてつもなくインパクトを放つ「パブエンジェル」「八広 HIGHTI」「FLOAT」などは**住人が持つコンテンツと場所のクリエイティビティ**が相乗的に絡まり合った事例だ。また逆に、特に物もないし建物も普通の一軒家やマンションというパターンとしては、「まれびとハウス」「行脚庵」「岡さんのいえTOMO」「2畳大学」などが挙げられる。これらはシェアの在り方や企画の作り方といった**運営システム面に様々な工夫**がなされているところが特徴だ。

●プライベートを確保する

いくら「住み開き」と言っても、何も寝室まで公開することはない。セキュリティのことも考え、「**ここからは入れない**」というルールを確保しておく方が無難だろう。最も典型的なのは、1階をオープンスペース、2階を住居とするパターンだ。とりわけ店舗付き物件を活用している「千代の家」「小島商店」「でんかハウス」などはその例にあてはまる。一方、運営方針そのものに「**個室を用意しない**」という条件が入っている「まれびとハウス」や「渋家」などは、ある意味、かなりハードコアな事例なので、誰でもがいきなりできるわけではないことを、一応ここで断っておく。

●経済的に無理をしない

そもそもお金をかけずに小さなパブリックスペースを実験できることに「自宅」であるメリットがある。だから改修費用が膨大になったり、サービス精神が旺盛すぎて毎回高い料理を無料でふるまっていたりすると、だんだん財布の中身が減っていき、

「あれ⁉　なんのためにこんなことしてるんだろう……」と思い悩むことになる。僕の個人的な好みを言えば、できれば改修は必要最低限に留めておくべきで、あまり「リノベーション馬鹿」のようにならない方が、いざとなったときにやり直しがきく。また、食べ物や飲み物も参加者持ち寄りにするとか、光熱費程度はちゃんともらうとか、とにかく黒字にならなくとも赤字にはしない運営を心がけてほしい。

●日時を決める

自分のライフワークスタイルに合わせて、「平日の夕方2時間だけ」とか「毎週土曜」とか「毎月第1日曜」とか臨機応変に決めることをお勧めする。その方が、私生活や仕事にもメリハリがつくはずだ。「みっちゃんの家」「でんかハウス」「soni-house」など、定期的なルールはなく、音楽イベントや展覧会を開催する時にだけ開いている事例もある。このあたりは、前述したご自分の持つ「目玉」の性質とも連動するところだろう。

●徐々に輪を広げていく

まず最初からじゃんじゃか「知らない人」を招き入れる必要もない。まずは「友人の友人」といったように、徐々にコミュニティの輪を広げていくことだってできる。この話は告知の仕方如何で、開閉度合いを多少コントロールできる。例えばmixiのように友人からの招待制にする、住所を明かさずウェブのみで告知する、表に看板を出さないなど。本書で紹介した「住み開き」実践者のうち、多くの方がTwitterやFacebookなどのソーシャルメディアを活用しているので（とりわけシェアハウスの事例では、住人が各々の独自アカウントで告知するだけでも結構な宣伝効果をもたらす）、ネットとリアルを連動させる情報の流し方も注目すべきだ。

●大家さんと仲良くする

借家の方はこれ重要。やはり不特定多数の人が出入りする家となると、あらかじめ大家さんにその意図を理解してもらっておくにこしたことはない。いきなり理解してもらえなくとも、徐々に関係性を構築することで、「パブエンジェル」のように、大家さんが改修を手伝ってくれる！　なんてこともありえる。とにかくあまりポリシーを貫きすぎて大家さんの機嫌を損ねるようなことだけは、ないように心がけよう。

●なるべく大きな音は出さない

「住み開き」をする上で近隣とのトラブルの一番の原因がこの騒音問題。なんせ「住み開き」だけあって、周りは普通の住宅街であることが多いので、ちょっとした音でも「騒音」「怪しい」とみなされる可能性は高めに見積もっておくべき。音を多少なりとも出す際は、事前に近隣に挨拶回りに行くなり、「ちょっと昨日はやりすぎたかな……」って思ったらすかさずお詫びの茶菓子でフォローするなり、柔軟に対応しよう。

●子どもとペットを媒体とみなす

「澤田さんの家」は、子どもがいることで、長屋コミュニティ独特の対人作法を会得していった。また「cotona mama & baby」では、子どものそばにいながらできる仕事のあり方を追求した結果、自宅で子育てママ対象講座をコーディネートするという活動へと繋がった。そして、やや余談ではあるが、僕は子どもこそいないが（当時）2匹の猫を飼っていて、大阪の自宅のガレージを活用したオフィスにて猫を抱きながら作業をしていたら、あれよあれよと近所の奥さんや下校中の小学生たちに話しかけられ、その時以来、近所で挨拶する人が増えた。子どもやペットがいることによって、逆に「住み開き」できないと考える人もいるが、人と人とを繋ぐ最強の媒体を持っているとみなせば、かえって開くことができるのかもしれない。

●困った時は〝ここ私の家ですから〟

この台詞は、そのスペースで何かトラブルが発生した際の伝家の宝刀だ。ここが実践者の自宅であることにより、絶対的なルールが暗黙の了解のもと形成される。もちろんそんなことをわざわざ口にしなくても、大方は場の空気を汲みとる節度をもった参加者が集まる。あくまでいざとなった時にさらっと、しかし、同時にびしっと伝えることをお勧めする。

大阪編

小島商店

【大阪・淀川区・西中島南方】

元酒屋が生まれ変わるカタチ　【この形では終了】

大阪市淀川区、地下鉄西中島南方駅近くにある「小島商店」はまちの酒屋でありたばこ屋さんだ。店内で酒やパン菓子を、入り口小窓ではたばこを販売している。そして上階は住居という典型的な店舗住宅。ここを40年間切り盛りしてきた小島和江さんに、ある変化が訪れたのは2010年。販売商品を減らし、店舗の一部を地域交流サロンとして開放するというアクションを起こし始めた。今回はそんな小島さんと、その設計改修を手伝った建築家の味方慎一さんにお話をうかがった。

小島さんは2010年頭に新聞に掲載された「住み開き」の記事を見たことがきっかけで、「私がやりたいことはこれだ！」と思った。そして、知り合いの建築家である味方さんに相談したところ、「アサダ君知り合いだから、彼に相談してみよう」ということになり、筆者のところに連絡が入ったのだ。最初にうかがったのが2010年4月。「ずっとここでお商売を続けてきたんですが、歳をとったし、売り上げも落

一見普通のたばこ屋さんの体裁。ある時は地域交流サロンへと変身。

ちて来たのでそろそろ辞めようかなって。でも人と接するのは大好きなのでそれは辞めたくない。だからお世話になってるみなさんにまた違った形でお役に立てればと思ったんです」と小島さん。もう一つの理由としてお子さんが自立したことをあげていた。以後、思索を巡らすこと1年。ようやく２０１１年3月に「小島商店」の生まれ変わりイベントを開催したのだ。

　具体的な改修点を紹介する。まず、たばこ屋部分は残し、酒屋部分のみに改修を加えた。商品棚を撤去し、ストックヤードも狭めて、20人くらいが入れる仕様に。また味方さん曰く「トイレの改修がミソです。トイレを広くとることで、まちの人たちに気軽に使ってもらえるようになるかと。コンビニでトイレ借りるってのじゃ、なかなか交流は生まれないけど、ここだとそれをきっかけにこの場所の意図も知ってもらえますよね」とのこと。また棚が取り外された分、壁をスクリーンとして活用するなど、イベント対応にも備えた。面白いところは完全にサロン化するのではなく、たばこ屋としての機能を残しているところ。「普段小窓越しにお客さんとたくさん世間話をしますが、それがそのままサロンに移行するような感じですかね。だからたばこ屋としてのコミュニケーションも残したいですし、少しは小銭も稼がないと（苦笑）」と小島さん。実際イベント時に立ち会った際も、参加者対応をしつつ、「すいません～！　タバコ……」と声をかけられれば、「はいはい～」と顧客対応もこなしていた小島さん。「（たばこを買いに来た）お客さんが、ここに人が集まっている様子を見て不思議そうにしているのは面白いですね」と笑いながら話す。サロンとして改修することで、店舗のみだった時代よりもいっそう開放的になった空間。小島さんは改めて「やって良かった」と感じているようだ。

小島さんには10年来続けているもう一つの活動がある。それは「NPO法人自然と緑」の理事として、環境問題について学び、実践すること。ここでもたくさんの仲間ができ、サロンと化した「小島商店」にさっそく集って語り合う。「今までは地域の

住み開き初日イベントの様子。予想を超えた集客に！

人たちに対して、自分の環境活動のことを話す機会がなかったんです。でも、これからはここで、いろんなコミュニティの人が混じり合うようにしていきたいです」と小島さん。「住み開き」はそういった**コミュニティ間の関係性を再構築する**ひとつの手段なのだと改めて感じた。

●その後の変化

２０１６年に酒たばこ小売販売業を廃業したことで、倉庫状態に。週1回、友人との趣味の用件でシャッターを開けて活用中。住み開きを数年続けてみての小島さんの感想は「同じ人が長時間居続けて、多くの人と関われなかったのは残念なことでした。何をしたいか、しっかりとした企画が要りますね」。近況として、「〝ＮＰＯ自然と緑〟というボランティア団体の理事として、充実しております。〝自身を必要としている場〟があるので、今の生活は満足しております。」とのことだ。

大阪編

さわ洞窟ハウス【大阪・西淀川区・塚本】

なんと自宅で博物館！　未来の洞窟ファンはここから生まれる!?

大阪市西淀川区、ＪＲ神戸線塚本駅から徒歩10分。商店街を抜け下町情緒溢れる住宅街にあるごく普通の一軒家。しかし、よく見ると「さわ洞窟ハウス」と書かれた看板。ここは、２０１２年で御年73歳を迎えられる洞窟研究家で大阪経済法科大学名誉教授の沢勲さんが、自宅向かいにある別宅を2年かけて改装した正真正銘の洞窟博物館なのだ。

筆者がこの場所を知ったのは、関西ローカルのＡＭラジオから。住み開きに関する打ち合わせのため移動していた際、車内のラジオから「こちらは自宅を洞窟の博物館として開放している……」という言葉が聞こえて来て、即座に連絡先をメモしアポを取った。この時ばかりは自分のセレンディピティの高さを自画自賛した。後日お邪魔してみると、洞窟の解説パネルや実際の鉱石はもちろん、鍾乳石や洞窟滝、洞窟プール、洞窟生物などなど、ありとあらゆる洞窟に関する模型が所狭しと室内を埋め尽くしている様子に圧倒される。一軒家という外見からはまったく想像ができない個性的な様相である。1階を〝洞窟内〟と見立て、そして階段から2階にかけては〝火山連

ご主人のレクチャー付きの自宅博物館はご近所でも有名。

想の躍動〟と銘打ち、共に青色や赤色の照明と、数々の模型の組み合わせでイメージを再現。コスト削減のため、すべての模型は100円均一で購入できる日用品やおもちゃやペットボトルなどを利用して自作したとのこと。電気仕掛けの模型を実際に動かしつつ、洞窟への溢れる愛と経験と知識に裏付けられたレクチャーが繰り広げられる。

自宅開放の経緯をうかがうと、沢さん曰く、「最初は自宅リビングの床下収納庫に小さなギャラリーを作ったんです。世界の洞窟を巡って手に入れた鉱石をそこに展示しました。でもそこから火がついて、向かいの別宅を少しずついじり始めたら、どんどん広がってしまって。嫁

階段では溶岩が流れる仕組みを学べる。

●大阪市西淀川区野里1-16-23
TEL：06-6471-5485
Mail：sawaisao@nifty.com
開室時間：不定期（お問い合わせはMailまで）

元台所だったエリアも今では写真解説ゾーンに。

さんには〝もうこれ以上やめて！〟って言われてるけど（苦笑）」とのこと。自宅床下「ミニ洞窟」が2004年、別宅1階の完成が2007年、そして別宅2階「洞窟情報サロン」が2009年に完成。「さわ洞窟ハウス」がすごい勢いで住居から博物館へと開放されていった様子が年表を見るだけでも伝わってくる。

いったい何が、沢さんをここまで大胆な実践へと駆り立てるのか。それは小学生の頃から洞窟の神秘性に魅せられていた沢さんの、「多くの市民、特に子どもたちの夢やロマンを刺激して、**未来の洞窟ファンを育てていければ**」という強い思いが、長い年月を経てこの洞窟ハウス誕生に繋がったそうだ。また、大学の名誉教授としての立場を生かし、教え子たちとの協働のもと、洞窟ハウスを通じた学外での社会貢献に繋げることも意識してきたとのこと。「人生には遊びが必要」「考え方次第で何事も可能になる」との信念を持つ沢さんの試みによって、この場を拠点とした洞窟ファン・情報のネットワークも着々と形成されている。沢さんによる洞窟レクチャー（予約制）は常時開かれているので、是非体験してほしい。

●その後の変化

現在活動を継続中。

大阪編

千代の家【大阪・福島区・海老江】

元写真館はこのようにして生まれ変わった【この形では終了】

大阪市福島区海老江。自宅兼元写真館という建物。こちらのご婦人、藤井千代江さん（愛称：チヨさん）は、なかなか一言で表現できないほど、面白い人生を送ってこられている方。そんな彼女の住み開きとはどういったものか。実はこの海老江、筆者の個人事務所がある地域（当時）で、「千代の家」までは徒歩5分程度。たまたま新聞で「住み開き」の記事を見たチヨさんから「私もしてるから一度遊びにいらして」と連絡をもらったのは２０１０年春。その後、「千代の家」はまるで「住み開き」の代名詞のように各マスメディアに取り上げられるようになる。

住み開き前夜のエピソード１つ目。チヨさんは写真家のご主人と共に自宅で写真館を経営した後、還暦を迎えたと同時になんと定時制高校に通い出し、10代の同級生とともに〝女子高生〟としての4年間を過ごした。理由は「暇すぎて（笑）。いわゆる現実逃避ですね」とのこと。夫婦円満で何も問題なく数十年写真館をご主人と経営しってきたが、館を閉めたらいかんせん話し相手がご主人のみ。だからといってこれといった会話も特になく、とにかく刺激がほしかったチヨさん。そしてさらには、そんな女子高生活がマンガ『女子高生チヨ（64）』（講談社）として出版されることとなる（作者は実娘でもある漫画家・ひうらさとる氏）。卒業後も、若い主婦たちが集う「お母さん大学」やNPO「シニア大樂」に関わるなど、世代を超えたまなびの場に対する関心は失せることなく、むしろ加速していったようだ。エピソード2つ目。チヨさんには写真館経営時代からの夢がある。それは家系図を辿って世代間を超えた一冊の壮大な家族アルバムをお客さんと共に作りあげるプロジェクト「家系の写真集・千代」を軌道に乗せること。このプロジェクトは1997年に立ち上げたが、当時はデジカメもまだ普及しておらず、お客さん自らが写真アルバムを編集することが今よりも難しかった時代。チヨさん曰く、「写真館時代はお商売としての縛りもあって、なかなか思うように進まなかったプロジェクトも、お店を閉めた今だからこそ自由に動かせると思って」。既に何組かの家族から相談をうけ、いくつかのアルバム作りをスタートさせている。そしてエピソード3つ目。2009年にご主人が病気で倒れられ（現在は元気に自宅療養中）、活発に外に出て行くことを控え、家にいようと思ったとのこと。

写真アルバム作りへの思いを語るチヨさん。老若男女が集い聞き入る。

さて、これら3つのエピソードから、チヨさんは「様々な世代の人、地域の人が集まれるまなびの場」「**写真にまつわる活動ができる場**」として、かつ生活の延長線上でできる「自宅」での試みを始める。元写真館としての立地の良さや広さを活用した住み開き「千代の家」はこのようにして誕生した。2009年の秋のことだ。「来る人を限定せず、いろんな方々に遊びにきてほしいです」と話すチヨさん。様々な世代との交流を重ねてきたチヨさんのコミュニケーション能力は高く、地域のまち歩きイベントの会場になるなど、早々に地域交流の拠点にもなりつつある。現在は、毎週金曜日と第4日曜日が開放日、チヨさん流アルバム整理術「写真整理楽《しゃしんせいりがく》」の普及にも努めている。2012年に71歳を迎えるチヨさんの活動に、これからの時代のコミュニティ形成のヒントが数多くあるはずだ。

●その後の変化

ご夫婦ともに年を重ね、足腰が衰えて来たため、マンションに転居。現在は、住み開きという形ではないが、継続して「家系の写真集・千代」を福島区の区民センターをはじめ、大阪各地でボランティア活動として続けている。

「家系の写真集・千代」のアイデアに関心を持つ参加者たち。

大阪編

FLOAT【大阪・西区・九条】

川沿い倉庫の住み開き【この形では終了】

大阪市西区、市営地下鉄九条駅から徒歩10分付近に流れる安治川。その川沿いの倉庫群の中にある「FLOAT」は、1階はフルオープンな場として、2階は原則自宅でありながら臨機応変に開かれる場として、音楽イベントや展覧会、雑誌づくりや天体観測など、実に様々な企画が開催されている。主宰されている音楽家の米子匡司さんに、開きつつも住まい続けることの可能性と葛藤について、お話をうかがった。

米子さんは、実は僕の10年来の友人でもある。僕が彼に対して個人的に抱いていた印象は、決して社交的な人ではなく、むしろ人とのコミュニケーションを慎重に重ねていくタイプの人。そんな彼から2008年春「音が出せて、街に開かれた場所に引っ越したい」という話を耳にした時は正直意外に思った。その本意はスタジオやライブハウスを借りるのではなく「制作／発表環境そのものを自らの手で整える」ことを実践したかった、とのこと。物件を探し始めた当初は、人通りの多い商店街の中で展

外側壁面にて。SHC（音と映像のイベント）の様子。

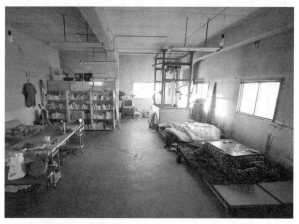

空き倉庫が活用され、自宅を兼ねたイベントスペースとなっている。

開することを試みたが、最終的には音量的制約と金銭コストを考え、空き倉庫を借り、そこに自らも住むという選択肢に落ち着いたのだ。

まずもって本書で紹介している「住み開き」事例の中でも、倉庫というハードは最も住居向きではない。しかし彼はここで住みながら開いていることに対して、コスト面だけでないメリットを感じていると話す。「人から企画の相談をいただいたとき、引き受けられるかどうかの判断は、ここが自分の家であるということを基準に、**家を貸してまで一緒にしたいことかどうか**を考えるようにしています」。この点が普通の貸しイベントスペースとは違うところで、最終的には米子さんという個人・住人のプライベートな視点が、この空間の、ひいては彼の表現者としてのクオリティを一定、確保していると言えるだろう。

しかし、課題もあるという。端的に言うと、プライベートな空間や時間を確保することと、パブリックな場とするためのホスピタリティや運営効率を高めることとの間に、矛盾が生じるという事実だ。パブリックな方向への舵取りとして、米子さんは常連の仲間たちを「FLOAT」の共同運営者として招こうと考えた。実際そのことにより企画単位でのパートナーは生まれたらしい。しかし、場所全体を動かすコアパートナーが生まれる段階までには今のところ至っていないとのこと。その理由を米子さん

2階にて。音楽イベントの様子。

はこう話す。「結局、僕がここに住んでいるということもあり、友人たちにとっては真の意味での〝自分の場所（ホーム）〟という自覚には至らなかったんだと思います」。

そしてもうひとつエピソードがある。

「FLOAT」を運営して2年程たった頃、「FLOAT」に同居人ができたのだ。こうなると、よりいっそうプライベートを確保せざるを得ない状況になる。米子さんなりにこの一見、逆説的な開き方を絶妙に舵取りし、彼目線で可能な限りのパブリックを実現しようとしているのだ。最後に、「FLOATは夏と冬には過ごしづらくて。生活環境改善のために、近々、屋上に小屋を建てるつもりでいます」と米子さん。これからも1人の友人として、彼の活動を見守っていきたい。

●その後の変化

土地や賃貸にまつわる諸事情により、2015年に活動を終了。米子さんは、現在、安治川を越えた隣町、此花区四貫島商店街の元魚屋を改装した、「PORT」というイベントスペース兼シェアハウスを運営している。詳しくはhttp://shikanjima-port.jp まで

大阪編

ぶんぶん文庫【大阪・西区・九条】

自宅図書館で生まれる　子どもたちとの新たな出会い【この形では終了】

大阪市西区、地下鉄九条駅から徒歩5分程の住宅街にある「ぶんぶん文庫」。絵本や児童文学などを楽しめる図書館として、定期的にご自宅の1階部分を開放。主宰されている駒崎順子さんにお話をうかがった。

大学で教育学を学び、これまで図書館や学校におけるボランティアでの読み聞かせ活動、そして、仕事としても子育て支援に携わり、たくさんの子どもたちと関わってきた駒崎さん。しかし、行政や学校との連携の枠組みでは縛りも多く、「家でやれば、もっと自由な文脈で子どもたちと出会うことができるかもと感じたんです」と話す。

ご自身の蔵書に加えて、20年程前に自宅やマンションの集会所で文庫活動をしていた大阪市内の主婦サークルからたくさんの本を譲り受け、２００８年の5月に私設図書館「ぶんぶん文庫」をオープン。開設当初～２００９年は毎週金曜、２０１０年からは毎月第1日曜と、形を変えながらも定期的に活動を続け、ガレージでの映画鑑賞会

毎週金曜日に開けていた頃は、毎月毎週の予定をお知らせしていた。

も開催している。

絵本の魅力を駒崎さんはこう話す。「たった5分で読めるけど、すごく遠くの世界までいって帰ってこれるんです」と。高学年になればなるほど、習い事や学習塾などに追われる子どもたち。そんな姿を見るにつけ、もっと自由に本を読んだり、歌ったり寝転んだり喧嘩したり、好きなことをできる場所の必要性を感じていた駒崎さん。「ここでは、子どもたちにできる限り自由に過ごしてほしい。だからルールはなるべく設けないようにしています」。こういったスタンスゆえに、子どもたちは静かに本を読むだけでなく、楽器を演奏したり、昼寝をしたり、工作をしたり、思い思いにここでの時間を過ごす。また合わせて、「大人にとっても子育ての悩みや楽しみを分かち合える、そんなつながりが生まれる場所が必要だとも思ってました」と話す。

開設当初は10畳ほどの広さで開いたが、「娘たちが年頃になったから長女の部屋を作るため半分明け渡しました。そして、今度は（娘が）独立して出て行ったので、元の広さに戻す予定です」とのこと。家族の状況次第でしなやかに変化する、プライベートスペースならではのエピソードだ。また、休日に子どもたちがいきなり訪ねてくることもあるそうで、自宅を開放しての活動が私生活に支障をきたす面もあるのではと尋ねれば、「それも基本的に大丈夫。特にストレスはないです」との答えが。「実家が八百屋だったので、**いろいろな人が家にやってくる感覚はごく自然なもの**。小さい頃は地域の大人に育ててもらったという思いが強いんです。その時の恩返しという気持ちで、自分が受け取ったものを子どもたちに返していきたいですね」。その言葉は、単に住み開きについての言及というよりも、駒崎さんの生き方に対する姿勢そのものを表している。現在は、「特別支援学校の教師として働いており、文庫の経験を活かして学校の図書室も盛り上げたい」と続けて駒崎さん。

今後の夢をうかがうと、「移り変わる環境にゆる〜く対応しつつ、無理なくあり続けたいです。校区の枠を超えて、たくさんの子どもたちに遊びに来てもらいたいですね」。最近では東日本大震災の復興支援にも取り組み、チャリティイベント「絵本で元気を！」を企画。絵本を通じた活動の幅も広がって来ている駒崎さんの今後の場づくりに注目したい。

●その後の変化

駒崎さんが家庭の都合でフルタイム勤務となり、一旦不定期開催へ。さらに、西淀川区にある勤務先の障害児施設を「まちライブラリー」として活用することを検討し、蔵書を移動。しかし、不便なところにあるためかライブラリーは軌道に乗らず、現在は、「完全なる住み開きをする古民家を探しているところ」だそう。「これまでのわたしの活動、経験、仕事、趣味、蔵書、すべて生かした何か。ふるさと播磨でと目下妄想中です」。

近所の親子がオリジナル大豆の歌をウクレレとアコーディオンで披露！

夏休みに遊びにきた子どもたちと絵本を読む。

大阪編

谷町空庭《そらにわ》【大阪・中央区・谷町四丁目】

誰かの家のような公園のような……場所 【この形では終了】

大阪市中央区、地下鉄谷町4丁目付近、オフィス街のど真ん中に位置する「谷町空《そら》庭《にわ》」。ここはオフィスビル屋上の庭園畑と最上階の6階のカフェから成り、週に2回は誰でも気軽に来られるカフェとして、週末や夜には貸しスペースとして使われている。その階下の5階は、主宰されている山内美陽子（〝空庭みよこ〟名義で活動）さんのご家族が住む自宅でもある。屋上に茂る緑が、都会のオアシスを想起させる瑞々しさを放つ中、山内さんにお話をうかがった。

このビルは山内家が管理している自宅兼雑居ビルで、もともと屋上は10年間も使われておらず荒れ放題だったらしい。造園プランナーのお仕事をされている山内さんは一念発起し、自宅を活用するプランを考えた。「ここをはじめたのは2003年。緑や花が人々にとってもっと身近な存在として感じられるような仕事がしたいと、友人と自宅ビルの屋上を手作りで改装し始めたのがきっかけなんです」と話す山内さん（ちなみにこのご友人は166頁で紹介している「Rojiroom」の松下岳生さん）。それから半年後、お祖《ば》

見知らぬ人同士が家族のように食卓を囲む。

都会のど真ん中とは思えない緑豊かなほっこり空間。

母《あ》さんの部屋だった6階部分も含めて、「この空間を家族以外の人とも共有するために、誰もが気軽に利用できるカフェにしよう」との思いで手作りでリノベーションをした。多大なる家族の協力、そしてスペース運営上の家賃の節約。こういった自宅だからこその利点を活かしつつ、「無理のない範囲で気楽にやっていく」というのが山内さんのスタンス。知らない人を家にあげることにもまったく抵抗はないようで、「誰もいない時に、お客さんがハーブティーを勝手に飲んで、くつろいで、帰っていくこともあったんです（笑）」という発言はさすがに驚かされる。セキュリティに対して無頓着だという意見もあるだろうが、不思議と今までにトラブルが起きたことはないとのこと。山内さんの力の抜けた楽観的で自然な人柄が「心を外に開いて、他者や自然と無理なく繋がることができる場」を生み出しているのではないか。このセキュリティ問題は、住み開きをする上で、必ず浮上してくる。しかし大方にして、本書で紹介したような人たちは大きなトラブルには見舞われていない。「ここが自宅であること」は、ある意味では、訪問者（お客さん）のクオリティ（コミュニティに関わる上での最低限の節度を持っているなど）を高く設定できるのかもしれない。

　最後に山内さんの新プロジェクトを紹介する。以前は一つの会社に貸し出していた4階のオフィススペースを、２０１０年5月からシェアオフィス「常盤ソース」（住

屋上畑「空庭」にて、夏野菜を収穫！　都会の中のオアシス的風景。

「レンタルスペース空庭（ソラニワ）」の連絡先（2020年1月現在）
●大阪市北区中崎西1-8-3ソラニワ　TEL：06-7709-5773
Mail：soraniwa88@gmail.com　URL：https://soraniwa.net/

所が常盤町であることと、いわゆる「トキワ壮」をかけての名称）として新たに展開し始めた。彼女の社会に対する関心から繋がった様々なタイプのクリエイターや社会起業家が十数人入居。メンバーが6階スペースを有効活用したり、屋上畑である「空畑」を活用する事例も始まるそうだ。山内さん曰く、「一見、地域社会とは無縁そうな、都会の中での〝ビル住まい〟だけど、そこを開くことで面白いコミュニティを作っていくことができると思うんです」。都市の中での住まい方、働き方が有機的に絡まり合う自宅開放「谷町空庭」。これからはよりいっそう、まちに根ざしていきたいそうだ。

●その後の変化

山内さんのご結婚、オーナーであるお父様の逝去などがあり、2018年末、半世紀続いた山内ビルを閉鎖。その後、北区中崎町の古いビルを購入し、上階に山内さんご夫婦が暮らし、その階下を住み開こうと考えた。しかし、その目の前のマンションにお母様が住んだことで（ビルは階段が多いため）、結局そのマンションに山内さんご夫婦も一緒に暮らすことに。ビルは現在、「空庭（ソラニワ）」としてレンタルスペース活用。美陽子さん曰く「住み開きとは少し違う形となりましたが、ビルまるごとをいろんな人に使ってもらおうという考えは変わってない感じです」。

大阪編

2畳大学【大阪・中央区・空堀】

自宅から始まる新しいまなびのカタチ【この形では終了】

大阪市中央区、空堀商店街の脇路地奥にある一軒家の2畳間。ここが今回の舞台「2畳大学」だ。大学は大学でもカリキュラムやシラバスはない。**授業を作るのはすべて生徒**。学びたい側と教えたい側がいつでも交換可能な場。主宰されている梅山晃佑さんにお話をうかがった。

梅山さんの職業をひとことで言い表すのは難しい。筆者はここ数年彼とよく仕事をしているが、ご一緒すればするほど、その活動の多様性に驚かされる。大阪教育大学にて中学・高校の家庭科教員免許の資格を取得。卒業後は大阪の職業訓練施設にて「まなび」や「働き方」に関するユニークな講座を企画。それ以外にも、まちづくり、アート、音楽など活動の幅は広い。2007年以降は、この空堀で開催されている展覧会「からほりまちアート」の副実行委員長を務めるなど、この街には住む以前から積極的に関わって来た。そして2008年にこの物件と出会う。「たまたま通りがか

絵本作家たあつこ＝かおりさんのワークショップ「はじめての絵本づくり」の様子。定員を超える人気企画。

った時に、電気メーターが使われてないことに気づいて。それで興味本位で問い合わせると空いていたんですね。さっそく見学するとユニークな間取りに興味をそそられました」と梅山さん。家賃も安くて、駅近。即入居を決めた。そして「以前からコミュニティスペースを持つことに興味があったので、そこに教育で培った経験を混ぜ合わせたいと考えたわけです」。とりわけ興味を持った玄関横の2畳間にちゃぶ台を置いてみた。狭さゆえの独特な雰囲気が醸し出され、イメージが広がる。そして2008年6月に「2畳大学」を開校することとなる。

梅山さん曰く、「こだわりを持って

いるのは意思決定のプロセス。ここが〝家〟であることによって、基本的なルールは全部僕が決めることができるんです」。これは多くの住み開きスペースに共通する考え方で、何かでトラブルがあっても、「ここ、僕の家なんで」という伝家の宝刀がある。「そのルールが明快な上で、〝これを学びたい〟と言い出した人が責任を持って学科を立ち上げるんです」とのこと。これまで創設された学科は「カレー学科」「写真学科」「ワークショップ学科」「デザイン学科」など。自宅ゆえのメリットを尋ねると、「まず費用がかからないこと。僕も参加者も金銭面で変に気を遣わなくていい。あとは手狭である分、多少人が来なくても講座が成り立つことですかね（笑）」。逆に困ったことはといえば「キャパを超える講座が結構あって、キャンセル待ち対応にするんですが、申し訳ない気持ちですね」と梅山さん。続けて、「後は家族の問題がありました。始めた当初は一人暮らしだったんですが、１年後に結婚しまして。嫁さんは大方認めてくれてますが、子どもができたら続けられないでしょう」。

最後に今後の展開をうかがった。「今は〝まなび〟や〝働き方〟にあわせて、〝シェア〟というキーワードに興味があって。もうひとつの実践の場としてシェアオフィスを始めたんです」。その名も「オフィス2.0」ここでは毎月「みんなで仕事をする日」を設定。数人のメンバーが仕事をしている状態そのものを公開する「仕事開き」だ。

今後はこの「オフィス2.0」と「2畳大学」をバランスをとりつつ運営していく予定とのこと。まなびや働き方の在り方を再編集する梅山さんの発想はまだまだ膨らみそうだ。

＊追記：梅山さんは、本取材の後、ちょっとした仕事の情報やスキルを共有する仕組みとして「ナローワーク（narrow work）」プロジェクトをスタートさせた。「2畳大学」で培ったまなびの共有が、新たな形で引き継がれているようだ。

●その後の変化

2015年に、近所の別の家に引越し。「2畳の部屋」がなくなったことで、以降、ちゃぶ台を持ち歩き、自宅前の軒下や公園、または古本屋、空手道場、マンションの空き室など様々な場所でオープンキャンパスや授業を実施。2018年には「2畳大学10周年祭」も開催し、次の10年へという気持ちで新たなスタートを切っている。

トークサロン「“シェア” について考える」を開催中。USTREAM でも配信。

大阪編

Rojiroom【大阪・中央区・空堀】
都心居住型開放生活のススメ【この形では終了】

大阪市中央区、空堀商店街の脇路地奥にある「Rojiroom」。ここは築80年以上の古民家を再生した自宅兼アトリエ兼ショールーム兼ショップ。ランドスケープデザイナーの松下岳生さん、服飾デザイナーの純子さんご夫妻によって住まわれ、運営されている。以前より地域づくり活動が盛んなこの空堀という街ならではの住まい方・働き方について、お二人にお話をうかがった。

お二人がこの街に移り住んできたのは2003年8月。職業柄様々な地域づくりに関わることの多い岳生さんと、着物の手仕事を紹介するショールームを作りたいと考えていた純子さんは、結婚を機に、地域に開かれた生活を少しずつ意識するようになる。友人の山内美陽子さん（156頁「谷町空庭」参照）に紹介された不動産屋で、この物件を発見し、自分たちで改修までも手がけたいという思いから思い切って購入。人が住める状態ではなかった古く傷んだ民家を、住みながらちょっとずつリノベーシ

毎月開催されているソーイング教室。

毎週末、自宅リビングがショップへと変身。

ヨンしていった。「改修当時は、ほんと工事現場で生活しているような感じでした。木材の中で隙間を作って寝て、起きたらまた作業して、みたいな（苦笑）」と当時を振り返る岳生さん。２００５年５月に「Rojiroom」は完成。週２〜３回のペースでオープンにしていき、徐々に自分たちの生活や仕事を地域に開放していった。

岳生さん曰く「Rojiroomでの活動は、空堀という街の特性と密接に関わり合っています。大阪の都心のど真ん中だけど、長屋と商店がひしめき合う昔ながらの下町。だからマンション住まいと違って生活を閉じていくことが難しいし、逆に積極的に地域の人とコミュニケーションする方が、生活も仕事も上手くまわっていくと思ったんです」。そして、地域イベントへの参加や着物のリメイク教室の開催などを通して、徐々にこの場所が開かれてゆく。「自宅だからといって生活感を出しすぎず、だからと言ってお店っぽくしすぎず。商品を見せるだけでなく、民家の使い方や、地域との関わり方を含めて、より良いライフスタイルそのものを見せていけるよう心がけています」と純子さん。

お二人は口を揃えて「家に住んでいるというより、この街に住んでいる感覚」と話す。最近お子さんが生まれたこともあり、「母親としての視点で街を見ることが多くなりました」と純子さん。街で買物をしている際に、授乳やおむつ交換に困ることも

「からほりまちアート」の一環でRojiroomを訪れる。

あり、「Rojiroom」に授乳コーナーを開設した。純子さん曰く「昔の人はもっと街を使っていたと思うんです。台所としてこの商店街を使い、風呂は銭湯にいき、街の人が集まる呑み屋で語りあって、といったように。だから私たちなりの方法で、街の機能の一部として使ってもらえるようにしていきたいな、と」。職住一体で且つ都心居住という特性を持つ**この街ならではの、プライベートとパブリックが溶け合った生活**。「Rojiroom」のコンセプトはまさしくそこにあり、クリエイティブな都心居住を促す提案としての「住み開き」であった。

●その後の変化

取材時直前の2010年にお子さんが生まれたことで、都心の路地奥での7年間の住み開きから、身近な自然環境を求めて奈良県生駒市に生活の拠点を移すことに。岳生さん曰く「仕事の内容や暮らしのあり方によっては、仕事と暮らしを分けた二拠点生活のほうが双方よいのではと思いました。また私たちにとっては、都心での住み開きは、事業のスタートアップにとって大変有意義であったと言えます」。また2017年に、自宅とは別に近鉄奈良線枚岡駅付近の小さな古家を購入。2019年春から自らリノベーションし、地域の集いの場として開いていく「新Rojiroom」としての夢の実現に奔走中だ。

大阪編

アトリエSUYO【大阪・東成区・玉造】

自宅教室の枠を超えてより開かれる場へ

大阪市東成区JR環状線玉造駅から徒歩5分の住宅街。民家のガレージ部を改装し、高い天井と木のぬくもりが魅力的な「アトリエSUYO」。住居でありながら、ある時は「さをり織り」の教室として、ある時はバンド活動の拠点として、またある時は料理教室の会場として、変幻自在に活用されている。主宰されている手織作家の〝すよさん〟こと伊藤寿佳子さんにお話をうかがった。

90年代初め、ごく普通の民家だったこのスペースには、すよさんと旦那さん（当時）と娘さんが暮らしていた。さをり織りの講師業を始めたばかりのすよさんは、2階で教室をスタート。旦那さんもほぼ同時期にヒーリングの教室を始める。そこで2人の教室運営に関する立場の相違もあり、さをり織り教室が1階へと移動。さらに、ヒーリングから発生する患者の邪気を逃すために、窓を開けたり、お香をたいたりで、両教室の連携が難しくなる。そこで、すよさんが編み出したアイデアは音楽演奏をすること。「元々、音楽も好きだったので、太鼓とか笛とかなら邪気を追い払うのにマッチするんじゃないかって（笑）」。こんな調子で、住居としての環境が、もはや教室仕様を超える域にまで開かれていったのだ。

と、ここまででも十分個性的なエピソードだが、ここからが現在の住み開きへと繋がるお話。ご夫婦は離婚し、すよさんと娘さんがこのスペースに残ることに。大阪のさをり織り教室運営会社に勤めながら、個展の開催や海外留学など、積極的に活動を広げた。その後、会社組織に雇用されていることに違和感を感じ退社、2000年に娘さんを連れて南米へ旅に出る。現地では、人の温かさ、家族の大事さに触れ、そして帰国後は、喧嘩別れした元上司に仕事まで準備してもらっていた。「本当に仕事仲間や家族とのつながりに支えられていることに改めて気づかされ、自分でも何かみんなに恩返ししたい気持ちでいっぱいになりました」とすよさん。この想いを胸に、5年程必死に派遣講師を務め貯金。足りない分を大阪府母子家庭事業継続貸付金で補い、2004年にスペースを改装。「アトリエSUYO」として、織り機5台を揃え、自分の教室を再スタートさせることとなる。

すよさん曰く、「改装は友人に依頼しました。障害のある子どもたちも通うので必然的にバリアフリーに。居間だった1階をガレージ兼アトリエに。スライド式糸棚な

さをり織り体験実施中！　１階に織り機がひしめき合う。

●大阪市東成区東小橋1-2-16　TEL：06-6972-5855
Mail：suyoko217@ybb.ne.jp　URL：http://www.suyo.info/
ブログ：http://suyoko.blog94.fc2.com/
開室時間：毎週月曜日　10〜12時
毎週木曜日　13〜15時、16〜18時、19〜21時
毎週金曜日　10〜12時、13〜15時
毎週土曜日　10〜12時、13〜15時
第2日曜日　13〜15時
※事前に連絡ください。

ど、狭い空間を有効に使う工夫をいろいろとしてくださり、なんとスライドドアを全開にすれば車まで入庫できるんです」。間口の狭い一般住居からオープンスペースへの改装とは見事。週に5日程度開き、織りのみならず、音楽ワークショップなども開催中。**海外とのネットワーク**もあるすよさんだけに、外国人の友人が大阪に来る際は、よく泊めてあげているらしい。「宿泊者には泊めてあげる代わりに犬の散歩をしてもらってます」。ユニークなバーターだ。「ほとんど開きっぱなしになっているので、娘から〝誰か泊まりくるんやったら、人種と人数を前日には教えといてな!〟と釘を刺されてます(笑)」とすよさん。課題をうかがうと、「やはり、いろいろやりすぎてて手狭になってきていることですね。ここが私の家だからこそ、手の届く範囲のことをじっくりやるスタンスできましたが、ちょっと拡大路線に惹かれる部分も正直あります」。今後の夢は、「畑とシェアハウスとショップと教室が有機的に絡まり合う運営形態」とのこと。すよさんの思考回路、人脈がそっくりそのままカタチになったかのような「アトリエSUYO」にぜひ遊びに行ってほしい。

●その後の変化

一般向けの染織工房活動と(単行本時には特に触れなかった)障害者就労継続支援事業所

としての染織活動、音楽活動などを展開し、利用者、スタッフ共にさらに増加中。すよさん曰く「10年後の引退に向けて後継者の養成、障がいを持つ人を含めて誰もが安心して住めるまちづくり、まだまだ課題がいっぱいです。相変わらず小さなアトリエのままですが、やれるお役目と出会いを大切に楽しんでやっていきたいと思う毎日です」。

外観。居間だった1階をガレージ兼アトリエに、とても工夫して改装している。

大阪編

物々交換デザイン シカトキノコ 【大阪・東成区・鶴橋】

SOHOデザイン+つながりの場 【この形では終了】

大阪市東成区、鶴橋駅から徒歩10分。下町の住宅街にある一軒家「物々交換デザインシカトキノコ」。1階ガレージ部分をデザイン事務所兼サロンスペースとして改修。定期的にパーティーを開いたり、オープンオフィスの日を設けることで、クリエイター同士、ご近所同士の交流を深めている。主宰されているクリエイティブディレクターの藤田ツキトさんにお話をうかがった。

ツキトさんが「シカトキノコ」をスタートさせたのは2011年2月。いわゆるSOHOに「つながりの場」としての機能がさらに加えられている。なぜ単に制作をする場だけに収まらないのか。その理由は、彼のこれまでの仕事遍歴とそれに伴う精神状況が物語ってくれる。大学でデザインを学んだ後、グラフィックデザイナーとして会社勤務をし、約2年程でフリーランスへ転向。「個人で仕事をすることで、クライアントと顔の見える関係を築くことができると思ったんです」とツキトさん。しかし、

「ひるいち」（昼から1升）を毎月開催。

ただの物置を改装中！

フリーになっても、仕事の大半は代理店から依頼される下請け制作である状況から抜け出せないことに限界を感じたと言う。現状を打開するために一人暮らしを始めたり、再度会社に入り直したり、ウェブデザインを覚えたりと試みるが、自分の未来に先が見えない状況が続く。そして2007年から約1年程、うつ病を患うことになる。「結婚したばかりだったこともあり、経済的な面も心配だったけど、それよりもこの病気が一体いつまで続くのかってことがとても不安でした」。

ツキトさんは、リハビリも兼ねて写真を撮るようになる。インスタントカメラを握りしめ街に繰り出し、気になる風景を撮影。写真を見た奥さんから「どこかで展覧会を開いてみたら?」という提案を受け、偶然通りがかった雑貨屋兼ギャラリーに飛び込んで写真展を開催。そこで出会った仲間に紹介された地域交流スペース「結《ゆい》」(大阪市中央区)にて、今度はギャラリーの運営を始める。その名も「ツキトギャラリー」。ツキトさん曰く「実は〝藤田ツキト〟は、病にかかった頃に自分を変えるためにつけた名で本名ではないんです(笑)。その名を名乗ることで、意識的に面白い人と繋がるための活動を始めることができましたし、お陰様で精神も安定しました」。

完全に開かれた場であるギャラリー運営の物理的制約を経験したツキトさんは、2年で閉廊。今度は自宅を開放する活動を開始した。私生活とデザイン制作、彼が培っ

シカトキノコ開放の日（祝オープン！）。

URL：https://shikatokinoko.co.jp/

たコミュニティと、さらに地域コミュニティが繋がる場所、これが「シカトキノコ」だ。「ここは、ギャラリーほど開きすぎず、まずはオープンオフィスとして実践しています。そしてデザインの報酬は基本的に金銭で得てますけど、相手によっては物々交換でもいいかなと。自分のスキルを通して、お金だけではない関係づくりをしていきたいです」とツキトさん。今後は地域に開放されたデザイン教室や展示会などの企画を考えているとのことで、クリエイターのスキルが地域にシェアされていく展開を大いに期待したい。

●その後の変化

2013年にお子さんが生まれ、会社勤務（出産のため退社）していた奥さんを誘って、2014年に株式会社シカトキノコを設立。スタッフが増え、住み開きスペースは最大5名が勤務できる事務所となり住み開きは解消。しかし一方で、法人運営が安定してきたいま、「住み開き的なことを少しずつ再開しようかと。1Fの事務所は基本仕事場ですが、2Fのプライベートスペースで月に1回、ママ友を作るのが苦手な妻と友達づくりが苦手な息子が、地域で出会った人たちと交流できればと何名か呼びかけて、半日飲み食いしながら遊ぶ場を作っています」とツキトさん。

大阪編

雑《ざ》魚《こ》寝《ね》館《かん》【大阪・堺市・浅香山】

なんと自宅で水族館！ 趣味を突き詰める住み開き

大阪府堺市堺区。南海高野線浅香山駅から徒歩1分。「自宅が水族館」というすごいスポットがある。その名も「淡水魚ミュージアム茶論・雑魚寝館」。日本産淡水魚ばかりを集めた水族館で、淡水魚にまつわるアート・クラフト作品の展示販売コーナー、そして紅茶専門の喫茶コーナーも併設。毎週火曜〜土曜の11〜20時に開いている（2011年1月取材時は毎週金曜の19〜22時のみだったが、その後同年4月より変更）。ご主人の亀井哲夫さんに、この場所を開いた経緯をうかがった。

亀井さんのご職業は学校の先生。つい最近まで府内でも名門校である追手門学院大手前中・高校の校長先生をされていた筋金入りの教育者だ。そんな亀井さんが「雑魚寝館」を開いたのは1995年のこと。てっきりご自分の仕事の延長でされていることかと思いきや、「実は魚は専門ではなく、学校では日本史を教えていたんです」との答えにびっくり。「25年くらい前に自宅の石鉢にわくボウフラ退治のためメダカを

民家の庭とは思えないほどの水槽の数々。

飼育したんです。それで職場の生物の先生と淡水魚の話で盛り上がってそこから一気にはまって……。最初は家の路地裏からこっそり始めたんですが徐々に拡大していきました」。そして現在では、自宅の庭に大小約70の水槽と、日本在来種の淡水魚約60種100 0匹を揃える程に。「自宅だからといって展示のテーマと種類ではどこにも負けへんよ」と自信たっぷりの淡水魚ミュージアムへと成長した。

自宅を開放していることに関して亀井さんはこう話す。「もともと母親の古い家で一度建て替えているんですが、土地が広かったこともあって集合住宅みたいな作りになっているんです。2

階は居宅で、1階は共用リビング。この1階部分を店舗的な活用にしようかとは思っていました」。最初は貸し会議室のような使い方を検討したが、ビジネスをするつもりもなく、知らない人に貸してトラブルがあってもと思い、「自宅リビング兼ミュージアム兼カフェ」という体裁に落ち着いたらしい。その構想をまとめようとした際に、彫刻家の川合敏久さんと出会い、彼のセレクトで淡水魚にまつわるアート作品を展示する「ギャラリー」としての要素も加わった。「川合先生が関わって下さったお陰で、研究者だけでなく、作家もこの場所に関わるようになったんです」と亀井さん。そして続けて

応接間を喫茶・ギャラリーコーナーとして開放。くつろぐ常連さん。

●大阪府堺市堺区香ヶ丘町1-10-8　TEL：072-233-8831
Mail：kamei@zacconekan.sakura.ne.jp　URL：http://zacconekan.net/
開室時間：毎週金曜日15〜22時

「淡水魚の生物学的知識を把握している研究者の目線があることで、作家も下手な作品は作れない。正確な生態を踏まえた上でのクオリティの高い作品が展示されているんです。ここは**研究とアートが出会い**、切磋琢磨できる数少ない水族館なんです」と力説する。

ちなみに家族はこの活動をどう思っているのかと尋ねると、「いや、もうそれは諦めてもらってます（苦笑）」との答えが。「中途半端なことをやっていたらいろいろ文句言われる隙を与えますけど、いっさい手を抜いてませんから逆に許してもらえてるのかと」と亀井さん。自宅ミュージアム系はとりわけ家族の理解（諦め⁉）が鍵になっていることは共通しているようだ。今後の展望をお聞きした。「校長職に就いてから は物理的に金曜の晩しかサロンとして開くことができなかったんですが、この２０１０年３月に任期を終えたのでこれからはアオウナギの研究をしながらここを〝鰻カフェ〟としても運営したい。鰻野菜カレーと酒類、チーズケーキなどの珍しいメニューを提示したいと思ってます」。ニューバージョンの「雑魚寝館」の展開は着々と準備されているようだ。

●その後の変化

現在も元気に活動を継続し、浅香山エリアのまちづくりにも積極的に関わっている。

大阪編

グループ・スコーレ【大阪・堺市・泉北ニュータウン】

シニアコミュニティの潤滑油としての住み開き

大阪府堺市南区の泉北ニュータウンで活動するサークル「グループ・スコーレ」。ここに住むシニア世代の主婦たちが、自宅を開放し、ボランティアとしての講座を通じた地域コミュニティを作り上げている。中心人物の利安和子さんに、立ち上げの経緯についてうかがった。

利安さんは現在66歳（2011年3月取材時）。家事と並行して30年間、自宅で学習塾を開き続け、地域の教育者としてがむしゃらに子どもたちと接してきた。そして50歳になった時、少しゆっくりと自分を見つめ直したい、趣味のシャンソンを本格的に続けたいという思いから塾を閉じた。その頃同時に、利安さんが関心を向けていたのは高齢化する地域の課題だった。「気づけば私も歳をとり、子どもたちもどんどん泉北を離れていく。この街でどのようにより良い老後を過ごしていくか、何か自分に実践できることはないかと考えたんです」と利安さん。そこで彼女が思いついたのは、自宅を開放しながら、主婦仲間同士が自分の能力を他人に提供することだった。「〝も

スコーレを運営するコアメンバー。真ん中が代表の利安さん。

麻雀教室の様子。和室グループと台所グループに分かれて雀卓を囲む。

●大阪府堺市南区泉北ニュータウン内各地
mail：group.schole@gmail.com
開室時間：不定期

ったいない精神〟のもと、自分たちが既に持っている場所やスキルを開放して、お互いが学び合える場を作ろうと。そのことで、お金を使わず、地域とのつながりの中で豊かな老後を送っていけると確信しました」と利安さんは語る。そして1997年に、「グループ・スコーレ」を立ち上げる。当初は10人の参加が、今ではシニア世代を中心に約270人にまで膨れ上がった。講座の種類もジャズやヨガ、お琴、麻雀、男の料理教室など、全42コースと幅広い。メンバー各々約30人弱が自宅を開放し、時にリーダーとして、時に生徒として、お互いの家を行き来している。

「講座は地域コミュニティを作る手段。その人が趣味の講座を通して、心を許しあえる仲間と、豊かな楽しい老後を支えあっていくことが大切」と利安さんは強調する。そして、自宅でやることの必然性については「自分の生活を日頃から見せあうことで、いざ病気になった時でも、その人がどこに住んでいて、どこの部屋に何があるかがわかるので支えやすい。あと、自宅を開放すること自体が、何よりも自分の心を他人に開放することだと思います」とのこと。集会所を借りるよりもお金がかからない、などの経済的な面もあるだろうが、何よりも、「自宅開放」が人とのつながりをより強固に編み上げる機能を果たしているのだ。その他にも、講座の後で必ず「お茶タイム」を設けていろいろな悩みなどを交換する場づくりをしたり、また泉北のエリアごとで「地域お助けマンくらぶ」を立ち上げ、講座でしか会わない会員同士を、地域の中で繋げるための仕組みも作っている。「たくさん講座を作っておくことが、今後10年先に、**多少講座が減っていても一定数の自宅開放の仕組み**は残るはずだから」と利安さん。この事例は、全国の高齢化した郊外都市にとって、ひとつの希望となるであろう。

●その後の変化

現在も元気に活動を継続中。

シャンソン教室の様子。合間にお茶タイムを設けて団欒も。

僕の住み開き原体験

大阪市北区南森町。大阪駅から一駅という利便性の高いエリアにあるマンションの一室。部屋番号と地名から「208南森町」（以下「208」と略記）と名付けられ、関西を中心に活動する様々なクリエイター数名によって自主運営されてきた。ここは、日常的にはメンバーのセカンドオフィスとして、またある時は、トークイベントや上映会などの会場としても機能した。僕は約4年間、このスペースの運営メンバーとして関わり、2010年3月のクロージングまで、様々な実験を行なった。

最初にこの場所で行なったのは、2005年の夏。当時知り合ったばかりの美術家、岩淵拓郎さんから「マンションの一室でトークイベントやるんやけど来ない?」と声をかけられ、非公開の住所を手渡された。実際行ってみると本当にごく普通のマンションの一室。入り口で靴を脱ぎ、奥に進むと広めのリビング。キッチンでは岩淵さんがエプロンをしてパスタを茹でていた。参加費を払い、家庭用の冷蔵庫からビールをもらう。仕事柄、これまでそれなりに色んなスペースやイベントを訪ね歩いてきたつもりだったが、こんなホームパーティー的雰囲気を体験するのは初めてだった。だいたい誰がここのメンバーで、誰がトークのゲストで、誰が一般の参加者なのか、ほとんど区別がつかない。大きめのテーブルでみんなでパスタを食べると、近くに座っている人同士が自然と会話をし始める。ゲストと参加者との会話も、「質疑応答タイム」のような堅苦しいものではなく、双方向的にフランクに交わされていく。このプライベートとパブリックの絶妙なバランス感覚にとても可能性を感じた。後日ここの成り立ちを聞くと、ここの大家は岩淵さんがお世話になっている美術家で、その大家が海外に滞在している間に、暫定的に岩淵さんが管理人として活用することになったというわけだ。だからこれは運営メンバー誰の家というわけでもなく、誰の（いわゆる登記された）事務所というわけでもない。でも、各々が勝手に集い、住み、楽しく働いているのだ。

それから数カ月経った2006年春、僕もメンバーにならないかと誘われ、二つ返事で快諾。当時働いていた職場がちょうど家と「208」の中間にあったこともあり、状況次第で、「今日は家に帰る／今日は208に泊まる」といったように、「半住居」的な使い方をしていた。ここで寝泊まりしていると、その都度、メンバーやその友人や仕事仲間が訪ねて来て、こっちは寝間着のような姿なのにもかかわらず急に名刺交換が始まったり、逆に真面目な打ち合わせをリビングでしていたら、寝室からこれまた寝間着同然のメンバーが起き出てきたり……。そして月1回の「SHOWCASE」と題したトークイベントの開催により、「208」での人的ネットワークが対外的に開かれ、どんどん刺激的な出会いが広がっていったのだ。

そんな「208」も、大家の事情が変わり、2010年3月に運営を閉じることになった。僕にとってここでの経験は、「住み開き」という概念を生み出すにあたってものすごく重要だった。「類は友を呼ぶ」とはよく言ったもので、「住み開き」実践者たちとの出会いも、「SHOWCASE」を通じたものが多かったのだ。僕の感情としても、寂しくない、と言えば嘘になるが、しかし同時に、こういった活動は、必ずしもハードとしての場所を持っていなくとも、経験とネットワークをうまく駆使することで、実践可能だと考えるようになった。だから、現在は確固たる場所を持たず、「住み開き」という言葉ひとつを携え、いにしえの開発僧のように、各地を行脚しながら、「僕らの小さな公共」を創造するためのささやかな提唱活動を続けているのだ。

各地編

Space BEN【青森・八戸市・柏崎】

自宅を劇場に　思い立ったらすぐ芝居

青森県八戸市柏崎。中心市街地から徒歩10分圏内の住宅地に、自宅を劇場として開放しているスペースがある。**1階（半地下）がまるごと劇場、**2〜3階が住居。玄関には「Space BEN」の文字。主宰されている田中勉さんにお話をうかがった。

勉さんは八戸市役所の職員。そして長年演劇の役者活動も続けている。実は筆者は2009年から何度か八戸にてお仕事をさせていただいている。八戸の仕事仲間から最初に聞いた勉さんのエピソードは以下のようなもの。「八戸市の職員で、自分の家で演劇公演している人がいて。一人芝居で捥《もぎ》り、音響照明、演技まで全部するすごい人だよ」。改めて自宅開放の経緯をおうかがいした。「昔は地域の公民館を借りてやってたけど、夜10時くらいには出なきゃいけないもんだから。時間を気にせずに使える場所が欲しかったんです。その結論が〝家でする〟ことでした」と勉さん。続けて「嫁さんがジャズダンスをしていたこともあって、家族の同意もとれたんですね」。そして1989年にこの家を建て、1994年から本格的に開き始めたそうだ。

オープン当初は客席の雛壇を常時組んで演劇仕様に。毎週金曜日は役所仕事が終わると必ず公演をうっていたという。「正直めちゃくちゃ忙しかったですね。毎週自分で脚本、舞台周り、演技をすべてこなしていたので」。自宅ならではのメリットは「いつでも思い立ったらすぐにやれることですね」と勉さん。逆にこれまで困ったことを尋ねると「駐車場がないことです」とのこと。活動を継続するうちに、徐々に地域に認知され、平日に若者がヒップホップダンスの練習に使ったり、高校生演劇の公演会場としても活用されてきた。そういった意味ではこの場所自体がパブリックに機能し始めているということ。確かに駐車場の有無も含めたアクセス面は一つの課題であろう。その他、「困ってるってほどではないですが、誰かに貸している時に、劇場部分を通らないと住居階に上がれないので、〝ここの照明はどこのボタンですか？〟と言ったようにすぐに（使用者に）捕まってしまうことですかね。なかなか運営から逃げられないというか（苦笑）」。お子さんもおられる勉さんだが家族の反応はいかに。「娘が小6の時に文化発表会の練習に使ったくらいで、ほぼノータッチです」との答えが。特に父親の活動を応援するでもなく嫌がるでもなく、といった反応らしい。

最後に、今後の展望をお聞きした。「役所で働いている立場としても地域に演劇祭

静けさと高揚感がない交ぜに漂う自宅劇場の日常。

玄関には看板も設置。ドアを開けて半地下へ下る。

を作るような仕事ができたらと。〝Space BEN〟でやってきた経験をうまく活かしながら、プロデューサー的な役割を果たしていきたいです」。公私の間のボーダーが、徐々になくなりつつある勉さんの活動。「好きこそ物の上手なれ」を体現してきた結果が、現在の考えに繫がったのであろう。

●その後の変化

2019年からは田中さんが個人事業主として運営している。とはいっても相変わらず営利目的ではなく運営中。

地元ダンスチームのレッスン。様々な形で地域へ開放。

●青森県八戸市柏崎1-11-8　TEL：080-6025-0990
Mail：owner@spaceben.com　URL：https://www.spaceben.com/
開室時間：不定期（来室前に電話がベター）

各地編

でんかハウス【京都・東山区・蹴上】

生活の延長線上でできる表現【この形では終了】

京都市東山区。地下鉄東西線蹴上駅から徒歩5分、三条通沿いにある「でんかハウス」。社会人女性3人がシェアしながら、共用部分をフリースペースとして月に数回開放している。元電気屋さんの店舗物件だったこの場所で、どんな「住み開き」が行なわれているのか。主宰人の1人である音無芳恵さん、そして、立ち上げに関わった京都大学大学院で建築・都市について研究している北雄介（現在は長岡造形大学助教）さんにお話をうかがった。

京都の美大を出て会社員として働いていた音無さん。退職により住んでいた社宅を出ることになった彼女は、友人から北さんを紹介してもらい、彼らが7人で住むシェアハウスへ一時的に引越し。そこでシェア生活の楽しさに目覚めつつ、たまたま北さんが見つけてきた物件情報に興味を持ったらしい。「大通り沿いで元電気屋さんの物件で間取りも面白いので、ひとまず興味本位で物件を見に行ったんです」と音無さん。

ヘッドフォンを通しての音楽ライブに真剣に聞き入る。撮影：後藤圭孝

外観。元電気屋さんだった時の看板がそのまま残っている。撮影：後藤圭孝

正面の壁には「でんかハウス」の謎の文字……。「ちょうど同じシェアハウスに住んでいる友人が引越しを考えている最中だったこともあり、その子とここに引っ越そうかと考えたんです」。北さんの友人も新たに加わり、女性3人のシェアがスタート。そして北さんから「この物件に住むからには（元店舗部分で）何かやった方が面白いんじゃない？」と提案され、「まったく計画的に考えてはなかったのですが、まずはフリースペースとして改修しようということになりました」という流れが生まれた。「最初は生活を開くことに多少の抵抗がありました」と話す音無さん。「でも家でもなくて外でもないっていうこの中間的な場に可能性を感じて。まずは用途を絞らずに使い方をあれこれ試そうかと」。そこで、オープニングパーティーから始まり、メンバーの展覧会、フリマなど様々な実験をしてみることに。最初は身近な友人を企画に誘い、そこから友人の友人へといったように、人脈は数珠つなぎ的に広がっていった。最近ではヘッドフォンを使った音楽ライブや、農や東日本大震災に関する企画も展開している。「行き当たりばったりでなんとか進められているのは、3人の性格の相性が良いからだと思うんです。良くも悪くもみんな適当というか（笑）。開き方の程度に関しても感覚は共有できています」と音無さん。また、2階がプライベートスペース、1階がパブリックスペースと物理的に間取りが切り分けられているので、開いて

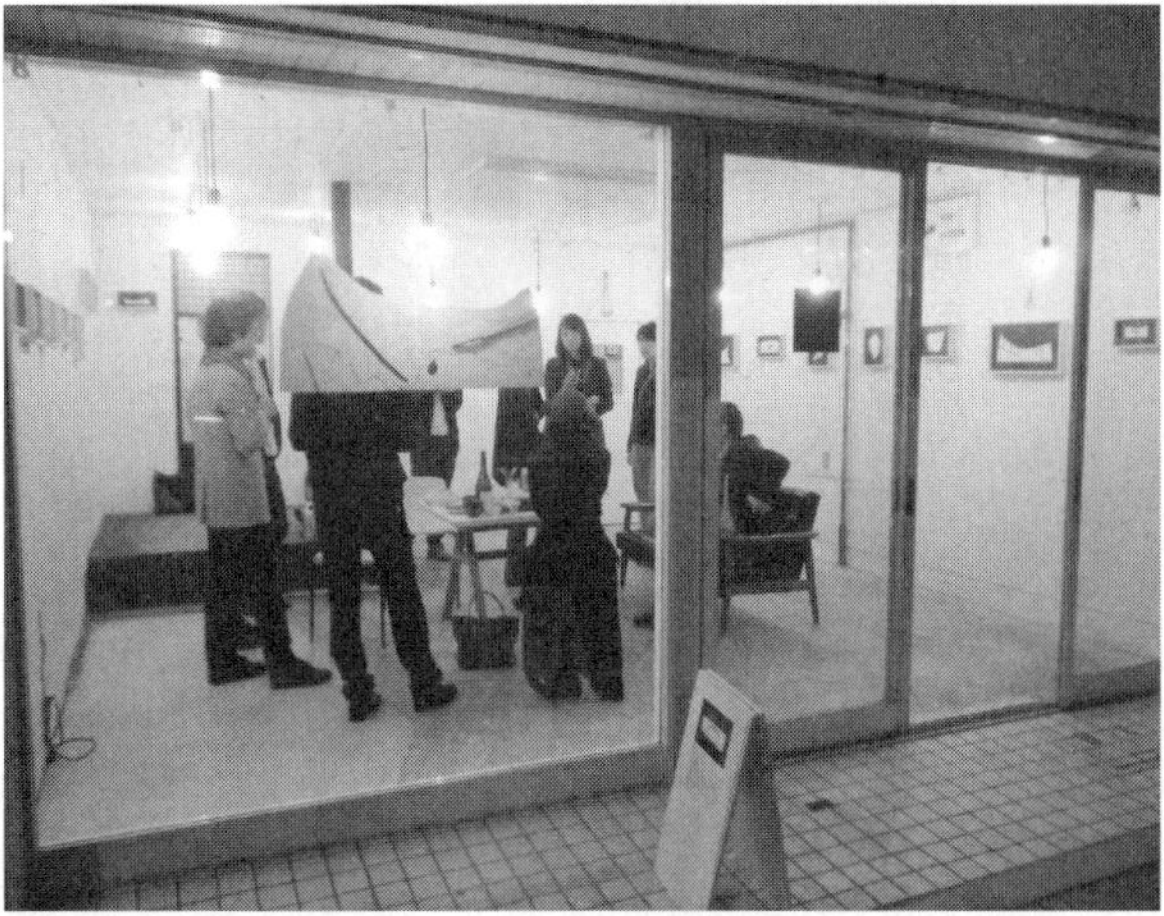

展示会「sora」のパーティー。柔らかい照明の中、和やかに行なわれた。

いることによるトラブルは特段ないようだ。また「3年間限定」という賃貸借契約らしく、その制約がかえって多少の失敗を恐れない様々なチャレンジへと繋がっているのかもしれない。最後に、一番気にかけていることは何かと尋ねると「ここの〝スタッフ〟ではなくあくまで〝住人〟として、自分たちの生活の延長線上でやることを大事にしています」とのこと。「**せいかつの　ついでにできる　ひょうげんかな**（字余り季語なし……）」。彼女たちの活動から思い立った句でこの事例紹介を終えることとする。

●その後の変化

活動は「3年の更新後」も継続し、メンバー全員の仕事と生活の環境変化のために2018年に終了。メンバーの三木佑美さん曰く「ライブ演奏をしてくれた知人や食事会に参加してくれた方々からは、またあんな場所を作ってほしいと言ってもらえます。私自身も、セミパブリックスペースが恋しく、いつかまた誰でもふと立ち寄ってもらえるような、フリースペースを持ちたいです。用途を限定しない空間は、生活にとってなくてはならないとも思えてきました」。

各地編

優人《ゆうと》【京都・城陽市・平川鍛治塚】

福祉制度の垣根を超えて　自宅開放による居場所づくり

京都府城陽市で活動するNPO法人「優人」。理事長宅を開放して、介護の必要な高齢者や障害者、地域のお子さん等老若男女が気兼ねなく集える場所づくり（宅幼老所）を行っている。代表の大川卓也さんにお話をうかがった。

大川さんのご家族は、妻の佳奈子さん、長女の優子ちゃん（取材時4歳）、長男の真人君（取材時10カ月）の4人（当時。その後、2人のお子さんを入れて6人に）。大川さんが介護の仕事に携わるようになったきっかけは実祖父の介護から。その後、高齢者と障害者施設にて計6年ほど経験を積んだ。仕事は楽しかったが、制約の多い福祉制度の下では、計画に則《のっと》ったサービス提供をすることが義務付けられており、それ以外のことは禁止となる現状を目の当たりにして、人の日常生活において「今」したいことを聞けない状況に様々な疑問を感じた。「自分やったら今のありのままの自分のお願い・本音をさらけ出せる所に行きたいなと思ったんです」と大川さん。また、制度によって「この人は高齢者／この人は障害者」と分けて対応することに対しても違和感が拭えなかった。「制度（決まり）があるということは、同時に制度から漏れてしまう人や対象外の人がでてきますし、また、施設での集団生活に馴染めない人も必ずおられます。そんな人たちが、一つ屋根の下で共に過ごす場所が必要なのも事実であり、制度との共存が必要だと思いました」。そういった背景を踏まえ、2008年秋、誰もが地域の中で快適に過ごし、集える場所として、NPOの立ち上げ～自宅開放型事業所を実現させた。

現在のサービス内容は、訪問・外出支援・通い・泊り・相談活動・集い場の6本柱。特に制度の狭間が多い訪問と外出支援のニーズが多く、通いと泊りは単発で受け入れている。その他集い場では、月2回のこども食堂、縁日や流しそうめん、お月見会、お餅つき会などなど行事も多く取り入れ、地域交流を大切にしている。

改めてこの場所が自宅であることのメリットをうかがってみた。「やっぱり家という空間は利用者さんも〝素〟の自分を出しやすいと思うんです。それに介護する側の僕も施設ではどこか〝ヘルパーキャラ〟を演じていたんですが、ここだとプライベートと地続きなので〝素〟でいられるし、常に〝素〟の自分で接したいという想いがあります」と大川さん。続けて「だから感情も出るし、〝**介護・支援やサービスうんぬ**

子ども食堂で賑わう子どもたち（2019年）。

●京都府城陽市平川鍛治塚10-3　TEL：090-9619-2461（代表携帯）
Mail：unei@yuto-npo.net　URL：http://www.yuto-npo.net
開室時間：9～17時

集いの場の一環、縁日でのかき氷を食べる子どもたち（2019年）。

ん〟というより〝人対人のお付き合いとして向き合うこと〟を当たり前のことにしたい。だからこの〝家〟でやりたかったんです」。昔の地域コミュニティが自然と担ってきたような支え合いの仕組みがこの家で改めて実践されているのだ。逆に自宅であることの課題をうかがうと「当たり前ですけどプライベートがないということですね。でも利用者さんや子ども食堂や行事に来てくれる子どもたちは、家族じゃないけど家族と思って、逆に僕たちのプライベートに参加してもらっているという考えもあるので、課題というよりは、気兼ねなく来てくれることを嬉しく思っているので、課題とは思っていません」との答えが。続けて「認知症のおばあさんに僕のパンツを盗まれたことがあって。入浴介護の時に彼女が穿いているパンツが僕のだって気付いたんですよ（苦笑）」というとんでもないエピソードが。あまりにも家っぽすぎる環境ゆえに、きっとおばあさんも自分の家の箪笥《たんす》と思ったのだろうか……。今後の展開については「もっとお子さんやひきこもりの若者にも気軽に来てもらえる場になってほしいですね」と大川さん。「優人」の活動は、介護ドキュメンタリー映画「ただいま それぞれの居場所」（大宮浩一監督作品）でも拝見できるのでぜひ注目してもらいたい。

●その後の変化メモ

元気に継続中。今後の展開については、更なる集い場の充実、ひきこもりの方の相談援助、虐待ケースのシェルター、駄菓子屋、プチ喫茶、看取りのできるホームづくり、などを目指していきます、とのこと。

※今回、写真を新しいものに替えた。

各地編

sonihouse 【奈良・奈良市】
生活の場から生まれる音楽家との出会い

奈良県奈良市、近鉄学園前駅から徒歩15分（現在は211頁の住所に移転）。坂道の多い閑静な住宅地の中にある自宅兼工房「sonihouse」。14畳という広めのリビングを有した味のある木造建築。天井からぶら下がる個性的な12面体スピーカー。ここでは、音楽と食を織り交ぜた住居空間ならではのユニークでアットホームなイベント「家《いえ》宴《うたげ》」が展開されている。主宰されているスピーカーデザイナーの鶴林万平さん、グラフィックデザイナーの長谷川アンナさんご夫妻にお話をうかがった。

万平さんは2006年から法隆寺のスピーカー制作会社に勤務（現在はフリーランス）。最初は東大阪の実家から通勤していたが、恋人であったアンナさんとの結婚を機に、2007年4月から会社にも近い学園前に家を借りることとなる。そして万平さんにはただそこに住むだけでは収まらない、ある夢があった。「僕が制作するスピーカーを一番いい環境で鳴らせる建築を作りたくて。まずは生活空間から音の実験を

第8回家宴の様子。ミュージシャン 桜井まみを迎えて。

していくことを決意しました。それで自宅兼工房にしつつ、音楽家を招いて僕のスピーカーを使って演奏してもらう企画を始めたんです」。物件探しも、音の鳴りや抜けを考慮し、木造で、細かく区切られていない間取りの一軒家を探しまわったとのこと。

記念すべき第1回目の「家宴」はなんと2人の結婚披露宴を兼ねたものだった。「可能な限りたくさんの知人に来てほしかったので、誘われたら断れない体裁をとろうと思ったんです（笑）。14時から開放し好きな時間に来てもらえるようにしました。2階も庭も全部オープン。総勢80名が来たので結構てんやわんやでしたが（笑）」と振り返る万平さん。友人のサウンドアーティストも招き、様々な音の実験を盛り込んだ。そこにアンナさんのデザイン感覚も織り込まれ、「音とそれにまつわる場のデザイン」といったコンセプトが明確になっていった。それ以後、約3年間で合計8回の「家宴」が開催されてゆく。万平さん曰く「お客さんと音楽が出会えるサイクルを生み出したいんです。例えばアンダーグラウンドな音楽ってコアなファンが夜にクラブとかに集まって聴くってことが多いと思うけど、ここでは、家という空間で、昼間に演奏を聴き、その後、みんなで夕食を食べるという場のデザインをしています」。だからなのか。女性のお客さんも多く、また親子連れでも気軽に参加できる空気が流れている。また、「ここでは料理もとても大切な要素。演奏後にみんなで食事をするこ

sonihouse オリジナル12面体スピーカー「scenery」を使うことで、観客と演奏者ともに同じ音が聴ける。

●奈良県奈良市四条大路1-2-3（2015年5月からこちらに）
TEL：0742-31-5211
Mail：info@sonihouse.net　URL：https://www.sonihouse.net/
開室時間：イベント不定期（ホームページにてイベントの情報をご確認ください）

とで、音楽家と観客の新しい関係性が生まれていくんです」とアンナさん。しかも料理は時間芸術的な音楽の流れを意識して、コース料理に設定されている。さらに4回連続で参加してくれたお客さんには「家族」の称号が与えられ、なんとスリッパとパジャマがプレゼントされるそうだ。「住み開き」イベントならではの非常にユニークなアイデアだ。奈良というサブカルチャー発信拠点としては、いまだ色がついていないエリアならではの場づくりを、一から丁寧に築き上げている2人の活動。これからいっそう注目が集まるだろう。

●その後の変化メモ

２０１５年に学園前の一軒家から新大宮の鉄骨構造3階建てに移転。元寿司屋を自ら改修し、1階を事務所兼アトリエ、2階をショールーム兼イベントスペース（50畳！）、3階を住居に。アンナさん曰く「住居とイベントスペースのフロアが分かれたことで、急な来客にも対応しやすくなった半面、以前のような親密感は少し薄らいだかも。前の家で、〝家〟のもつパワーを実感していたので、できるだけ〝家感〟を残せるよう靴は脱いでもらい、食事は着席したスタイルで大きなテーブルを囲むこと、料理は見た目だけでなくお腹も一杯になること（お母さん的サービス精神）を意識しています」。

各地編

五月《さつき》が丘まるごと展示会

シニア世代が創造する　自宅開放型アートタウン

【広島・佐伯区・五月が丘】

広島市佐伯区五月が丘団地。造成から約35年（取材時）が経過するこの大型ニュータウンでは、2007年より毎年5月1日から3日間、自宅を開放したアート展「五月が丘まるごと展示会」（以下「まるごと展示会」）が開催される。展示内容は、陶芸や鉄アート、絵画やアクセサリー、雑貨や洋服などなど。また音楽会や上映会なども開催される。約30カ所の会場のうち大半が自宅。もちろんこの団地に集会所や公民館がないわけではない。あえて自宅であることの理由は、「まるごと展示会」が団塊世代によって立ち上げられたことと密接に絡まり合っている。

2007年に始まったこの取り組みは、団地内に住む彫金作家の坂田玲子さんのある出会いから始まった。「画家の故・宮迫千鶴さんから伊豆高原で行なわれているアートフェスティバルのお話を聞きまして。生前、宮迫さんとお会いした際に、〝あなたの街でもやってみたら〟とお声をいただき、思い立ったんです」と坂田さん。そして坂田さんは同じ団地内に住む陶芸家の山田順子さんに相談。口コミで賛同者を募ると、第1回目からさっそく24名が参加し、16カ所の自宅会場で開催された。そして2010年の第4回では40名、31カ所にまで膨れ上がったのだ。「もともと団地内で自宅を開放している人が少しいたんです」と坂田さん。例えば坂田さんは「アトリエSAKATA」、山田さんは「自由工房」という名前で日常的に自宅を開く。「以前は月1回だけ陶芸ギャラリーを開いてましたが、最近では主人とともに週3回、カフェとしても開いてます」と山田さん。また服飾関係の仕事をされてきた大黒文子さんは、自宅を「home gallery LETA」として開放。彼女とつながりのある作家たちのアクセサリー、洋服、家具などが展示販売されている。「物を売りたいわけではなく、人と繋がりたいんです」と大黒さん。週3日だけ生活の延長線上で開いている場所ゆえに、遠路はるばる来てくれるお客さんとは必ず密なコミュニケーションが生まれるという。また「単に展示をするだけでなく、作品が日常生活にどのような彩りを与えるかを大事にしてます」とのこと。家具があまりにもこの空間に溶け込みすぎて、売り物には見えないほどだ。また大黒さんのお隣の和田義枝さんは「家庭料理つばき」を運営。自宅の一部が開放されお食事処になっており、優しい味の家庭料理が食べられるお店として週3日開く。「まるごと展示会」開催時は女将《おかみ》のご主人が作るステンドグラス

お庭でパラソルランチ。ご主人手打ちのお蕎麦をいただく。

●広島市佐伯区五月が丘団地　TEL：082-941-4103
（広報担当：倉本）
URL：http://satsukigaoka.iinaa.net/
開室時間：毎年5月1日から3日間（各会場についての運営情報など詳細は広報担当までお問い合わせください）

音楽会の様子。

も展示。こういった会員の自宅を一斉に開放して開催する「まるごと展示会」。この時ばかりは、団地外からも多くの人々が来訪し、街は活気に満ち溢れる。ではなぜ、このような街ぐるみの「住み開き」が実現しているのだろうか。

ここでようやく、冒頭に書いた団塊世代の話に繋がる。そもそも「まるごと展示会」の開催意図は、展示会をすることが第一の目的ではなく、自宅を開放した展示会を通して、日常的に団地内外の人たちが交流しあうところにある。全国的に「ニュータウン」と名が付く地は、もれなく高齢化が進行している。186頁で紹介した「グループ・スコーレ」が活動する大阪府堺市の泉北ニュータウンも同様だ。若い人は就学、就職、結婚と共にこの街を離れてゆく。団塊世代がこれから老いて自由に動けなくなる前に、この団地内でお互いが助け合って、いつでも文化や娯楽に触れられる環境を、自分たちで獲得しておく。その仕組みとして「まるごと展示会」が開催されているのだ。そして注目すべきはその活動の中心は女性であること。一般に女性は男性よりもこれまで家、ひいては地域で過ごす時間が圧倒的に多かった。そしてそのことにより住む地域での社会性が非常に高い。だから彼女たちの「表現の場としての家」が開放されることに意義がある。「歳をとっても、この街でずっと遊んで生きていきたい。そう思えば〝まるごと展示会〟も続けられるんです」と山田さん。主婦が培って来た「地域での社会性」と「生活の延長線上にある表現」を通して住民同士の理解を深め合うことが、これからの**シニアコミュニティを創造的に生み出す秘訣**なのかもしれない。

●その後の変化

「五月が丘まるごと展示会」はその後も毎年行っており、2020年も5月1〜3日に行なわれる予定。

民家がアクセサリーの展示会場へと見事に変身。

住み開きと音楽

「住み開き」の取材を始めてから早2年。この過程を経て、僕の中で大きく変わりつつあるのが、音楽に対する接し方だ。この10年間、音楽家としてライブ活動を続けて来た僕は、ライブハウスやクラブなどから発信されるナイトカルチャーとしての音楽シーンの恩恵を存分に受けつつも、一方では限られた場所でのイベントという枠組みの中でしか、音楽と接することができない自分の表現環境に疑問を感じてきた。もっと日常生活の中で音楽を感じ取り、ステージ性の低い音楽の使い方を獲得したかったのだ。こういった背景の中、２０００年代初めにとりわけ興味を持ったのが、「サウンドスケイプ」と「放浪芸」だった。前者は１９６０年代終わりに、カナダの作曲家マリー・シェーファーによって提唱された概念で「音風景」などと訳される。文字通り音を風景として捉え、生活環境の中で音がどのように位置づけられているのかを考えるための概念だ。後者は古来の日本において盛んに行なわれていた風習で、旅をしながら町や村をまわって披露する万歳《まんざい》、絵解き、香具師《やし》の口上や猿回しなどの芸能を指す。１９７１年から77年にかけて発売された、俳優の小沢昭一が監修したレコード

『ドキュメント　日本の放浪芸』によって広く紹介された。この二つの表現形態に共通しているのは「日常生活の中に表現が織り込まれている」という点だ。以降、僕はポータブルレコーダーを持って各地の音を録り歩くようになり、また街中での客の呼び寄せや車内アナウンス、おじさんの鼻唄などに異様に反応するようになった。「どこからどこまでが音楽なのか」「日常に既にステージはあるのではないか」。そんな妄想を抱えながらライブを続ける日々。そしてまたひとつの新たな表現形態として「住み開き」を自ら提唱する中で、「自宅ならではの音楽との接し方」を徐々に会得するようになったのだ。

本書で紹介している中では、奈良の「sonihouse」（208頁）が開催する「家宴《いえうたげ》」の取り組みと、大阪の音楽家、新井洋平さんの考え方が腑に落ちる。両者に共通しているのは「人と音楽との出会い方」をリ・デザインしているところだ。「家宴」では、普段はクラブなどでしか演奏されないアンダーグラウンドな音楽を、日曜の昼間、しかも緑多きお庭が見える住居空間にて提供する。また音楽家と観客が一緒に料理を食べてじっくり話しあえるような場づくりも魅力的だ。

また洋平さんは自宅での演奏会もさることながら、兵庫県伊丹市にて「オトラク」という企画にも携わっている。この企画のコンセプトは「〝ふだん使い〟の音楽」。路上や公園、ショッピングモールや自家用車内など、街中の様々な場所で音楽が奏でられるプロジェクトだ。またある知人の音楽家は自宅の制作部屋を開放し、観客にヘッドフォンを渡して演奏をしている。

僕が最近考えているのは、音楽家の家に訪ねて行き、CD棚の前で当人の音楽にまつわる変遷や思い出を音源とともに聞き出しつつ、演奏もしてもらう、といった企画。あるいは、「住み開き」をやや拡大解釈するアイデアだが、自宅で家事や仕事のBGMとして聞いているiTunesでのプレイリストが、他人にとってのラジオ番組のように共有され、自宅にいながらにして日常的に「DJ」になれる、こういった遊び方も実験してゆきたい。これも音楽を通した私生活の開き方の一種ではなかろうか（本コラム執筆後の2011年5月に、アメリカの音楽共有ウェブサービス「Turntable.fm」（2013年12月に閉鎖）の存在を知ったのは何かの偶然だろうか）。このような工夫で音楽をもっと日常に手繰り寄せることは可能だし、「住み開き」が人と音楽の関係性を再構築するような機会として活用されれば、もっと面白い社会になるに違いない。

シェアと住み開きについて

三浦展さんとの対話　於：東京都杉並区　不通庵

三浦 展　みうら あつし

1958年新潟県生まれ。社会デザイン研究者。82年一橋大学社会学部卒業。（株）パルコ入社。マーケティング情報誌『アクロス』編集室勤務。86年同誌編集長。90年三菱総合研究所入社。99年カルチャースタディーズ研究所設立。消費社会、家族、若者、階層、都市，郊外などの研究を踏まえ、新しい時代を予測し、社会デザインを提案している。

著書に『下流社会』『第四の消費』『ファスト風土化する日本』『家族と幸福の戦後史』『都心集中の真実』『東京は郊外から消えていく！』『吉祥寺スタイル』『高円寺　新東京女子街』『奇跡の団地　阿佐ヶ谷住宅』『東京高級住宅地探訪』『東京田園モダン』『昭和「娯楽の殿堂」の時代』『中高年シングルが日本を動かす！』『下流老人と幸福老人』など。シェア関連では『これからの日本のために「シェア」の話をしよう』『人間の居る場所』『100万円で家を買い週3日働く』『三低主義』（隈研吾との対談）などがある。

●ハウスシェアからタウンシェアへ

アサダ　三浦さんの『これからの日本のために「シェア」の話をしよう』（NHK出版、2011）や『商店街再生計画　大学とのコラボでよみがえれ！』（洋泉社、2008）等を興味深く読ませていただきました。家をシェアするってだけでなく、まち全体をシェアするようなコミュニティのあり方、そしてそれを各地で再生産するようなシステムがいろいろあるんだなぁと。僕は32歳（当時）でいわゆるロスジェネ世代にあたるのですが、僕らの世代、もしくはもうちょっと若い世代の人たちの中で、本当にシェアハウスが増えていますね。2000年代前半だと、「お金が安くて広いところに住めるから」って理由が大半だったと思うんですけど、最近ではその家から生まれる仕事や趣味のネットワークを重視するといった理由が増えて来ていると思うんです。それで、シェアした時に結果的に生まれる具体的な共有スペースを、どういうふうに面白く使うかとなった時に、住人を超えていろんなタイプの人が入り込んでくる。そうなると、僕が提唱している住み開き状態になっていくというか。今日はそのあたりの話から始めさせてください。

三浦　僕がシェアハウスが面白くなってきている事情を知ったのって2010年2月

に出たひつじ不動産の本（『東京シェア生活』アスペクト、２０１０）なんですよ。単に安いからシェアハウスに住むってわけじゃない価値観が生まれてるんだと気づいた。僕は１９９９年から「脱私有」ということについて考えていて（『家族と幸福の戦後史』）、２００２年にはある広告代理店とシェアについての研究もしていたんですが、シェアを大手を振って語れる時代がようやく来たか、という感じがしました。

僕は、「東京R不動産」を展開している建築家の馬場正尊君との付き合いも長いんですが、僕は古くて味のある建物が好きだから、そういう建物を借りたいときに簡単に見つかる不動産屋ってないのかな、とずっと考えていたんですが、馬場君がそれをやってくれた。「東京R不動産」が始まる前は、「味のあるマンション、事務所」ってネットで検索しても何にも出てこない。当時、「味のある」って概念は建物を形容する表現として、まったくそぐわなかったんですよね（笑）。

アサダ　僕も馬場さんとは最近お話をさせていただきましたが、やはり「東京R不動産」は、物件というものに文化的な視点を与えるって意味で、本当に画期的だったんですね。

三浦　その発想のポイントって、「マイナスとマイナスをかけたらプラスになる」ってことかと思います。先ほど紹介して頂いた「商店街再生計画」がまさにそうですが、学生が入ってこない郊外の大学と、シャッター通りになってる商店街があるとして、普通だったら国土交通省が多額の補助金をつけて、商店街にアーケードを作ろうとかやっちゃうわけですよ。でもアーケードで客が戻った試しはない。そんなことよりも、その商店街に学生が常にたむろするようにし、大学生は商店街の人の日常から生きた世の中を学べる機会にするほうがいい。お互い足りない部分を補い合える発想が大事だと思った。シェアですね。人をシェアし合えるような環境をいかにつくるか。結局大事なのは人だと思うんですよ。

アサダ なるほど。お互いがお互いの知識や経験や人脈をシェアしあうということですね。

三浦 そう。私が行なったアンケートでも、シェアハウスに住みたいと思っている人ほど、「いろんな人と知り合いたい」といった知的好奇心が強い。その欲求は、会社に行って、ただまじめに働いているだけだと満たされないわけですね。やっぱり、違う会社、違う仕事の人とか、フリーランスの人とか、そういう様々な働き方をしている、様々な関心を持っている人たちの集まりがあるってことにすごく価値があると思う。

アサダ この「不通庵」（対談会場である三浦さんのマンション）も、半分住み開いているようなところなんですよね。

三浦　そうですね。これまでもいろんなイベントは開いてきましたね。ここを誰かに貸そうかなと思ったこともあって。借りた人は大家である僕の知識や人脈ごとシェアできるような仕組みができないかと。僕は都市とか建築とかデザインとかの書籍をかなりたくさん持っているけど、それを置くために自分だけの部屋を持つだけじゃもったいない。だったら、例えばシェアハウスの12畳のリビングルームにずらっと私の本が並んでて、住人のみんなにいつでも読んでもらえるってのはどうかと。で、僕もシェアハウスをオフィスとして使っていて、機会があれば住人と話したり、僕に会いに来た、たとえばアサダくんをみんなに紹介するとかも出来る。住まいではなくオフィスを開く。

アサダ　なるほど、それは面白いですね！　住み開きの取材（コラム）でも取り上げている浅草の「LwP asakusa」（276頁）となんとなくシェアの仕組みが近いかもしれませんね。あえて大家の個性を前面に押し出す貸し方。不動産のウェブサイトに大家の顔写真やプロフィールがバーンって掲載されてたり（笑）。

三浦　そういうことを僕に限らず、例えばホリエモンが牢屋から出てきたらやってみるとか。個人のキャラの立ったシェアハウスっていうものがありえるんじゃないか。

じゃあそういうのって昔はなかったのかというと、同潤会江戸川アパートとかはかなり文化的なコミュニティだったと思うんです。共同浴場もあり、共同食堂もあり、住民同士のカルチャースクールもやっていた。そう考えると、シェアハウスってのも一つの建物である必要もないわけですね。街中に部屋が点在して、食べる時はどこかに行く、風呂はどこかに行くとか、街をまるごとシェアするみたいなこともできるはずです。

アサダ　町が家みたいな状態になってて、「誰々のあそこの家はみんなの台所になってるからあそこに行こう！」みたいな感じですよね。

三浦　それがまさに、シャッター通りでできる。

アサダ　例えば住み開きの取材で取り上げた大阪の「2畳大学」（161頁）の梅山さんは、空堀という商店街で「からほりごはん」っていう取り組みをしてるんです。「長屋を改修してこのまちに住みたい」とか考えてる若い人たちが集まって、商店街の八百屋や魚屋をまわって店主と話をしながら買物をして、その後、空堀に実際に住んでいる人の家でその食材で料理を作ってみんなで食べながらまちのことを話すんです。そして極めつけは、先ほど行った店主さんがその食卓にゲストとしてやってくる（笑）。結局、ある家がまちに開かれることによって、家と街とのボーダーが薄れていくんです。

三浦　そうなってくると、街を歩いてても面白くなるんですよ。開いていくと「庭ももっと綺麗にしよう」とか「ちょっと路面に椅子でも置いとくか」とかなってきて、家が「スペース」ではなく、街の中の「プレイス」になる。

●共同体の復活ではなく「共異体」の生成を

アサダ　ご自宅のほうは開かれているんですか？

三浦　理想を言えば、自宅で住み開き的なことをしてもいいんですけど、ただ女房がそれを同意するか（笑）。掃除しなくちゃいけないとかね。片付けとか（笑）。

アサダ　家族が同意するかどうかの問題っていうのは絶対ありますね。「あなた！なんでそんな知らない人いっぱい家にあげるの！」みたいな（笑）。

三浦　僕自身は新潟の田舎出身なんですけど、親父が庄屋の家の生まれなんですよ。だから家の中で血縁ではない人と一緒にいるのは当たり前なんです。僕はそこに3〜4歳のとき2年だけ住んだことがあって、両親共働きだったんで、昼間は隣にあるお寺に預けられていたんですね。そのお寺が4世代、8人家族で、かつ地域の人が常に出入りしている。だから、父と母と子だけで閉じるということにそもそも違和感があるんです。一方、女房は団地っ子、社宅っ子なんで、自分の家には、よっぽど親しい人をたまに入れるぐらいってのが普通なんですよ。

アサダ いろんな人がその場に集まってる記憶が、幼少時代に刷り込まれてるんですね。

三浦 職と住とが分かれることが、そもそもが近代主義ですよね。それに対して、「住むところで働いてもいいじゃないか」とか、「その中間ぐらいがあってもいいじゃないか」とかね。住ってのは、まぁ家族を入れる箱でもありつつ、その家族の思い出のモノが詰まってる。それはどんどん増えていくんで、どんどん広い家に住み替えないといけない。でも、そのモノを入れる箱である家という考え方に対して、なんとなく違和感を感じる人も若い人を中心に増えてきたのかなぁと。例えば、iPhone1台あれば、たいがいのことはできちゃうみたいな、そういったハードウエアの進歩も土台にあると思うんですね。あと、一昔前までは会社に行かないと仕事ができなかったけども、ノートパソコンとWiFiがあったらカフェでも自宅でもできる。職と住とかの境界がかなり曖昧になってきた。

アサダ IT化が進んだ中で、ノマドしながら働けるような状況が目に見えて増えて来てますね。僕自身が完全にノマドワーカーですから。ただ、家という存在価値の再編集って、まだそこまで練られてきていないんじゃないかって思ってたんですよ。でも最近、3・11後に僕のまわりで美術とか音楽とかやってる友人たちが、家族ごと関東から大阪に疎開に来て。そういう人たちは行政支援の枠組みとかでなく、もともと培ってきたクリエイター同士のネットワークから一時的に住む家を見つけてくるんです。そして彼らが大阪に滞在している間に彼らと話をしたい地元の人間が会いにくる。なんかそれって、ノマドに住んでいる行為自体を開放してしまっている状態だなぁと思って。そこにはすごく、誤解を恐れずに言いますが……、ある種の可能性を感じたんです。

三浦　逆に言うと、これまで住むことが閉じ過ぎたんだと思うんですよ。かつてはまさに庄屋でもお寺でも商店街でも、もっと住んで働いて開いていたわけで。極端に言えば、住居ってのはセックスして子どもを作る場なんだね（笑）。だから非常に開きづらい（笑）。それで閉じ始めると、今度は食べるところもあんまり見られたくないみたいになってきたよね。昔は人が食べている様子って垣根越しに見えたしさ。庭先で若い女性が行水してたりとか。それがどんどん隠すようになって。だから現在は人様が家に来るなんていうと、もう大騒ぎするでしょ。「こんなダサイ部屋見せられない！」とか言って（笑）。

アサダ　近代化された土壌でもう一度家を開くことについて考えてみるのが、住み開きの基本だと思ってます。メディアに取材をされる時に、「昔のコミュニティの復活住み開き」みたいなことを謳《うた》おうとする記者の方が多いんですけど、僕はそれは全然違うと思ってるんです。一つは、それこそ、やっぱり「今」だからこそ開くという選択肢ができたんだと。そして、その選択肢を個々人がどういうふうに面白く表現するか。もう一つ、昔の地域共同体が本当に開いてたかというと、同じ地域の人に対しては開いていたけども、外部の人に対しては「よそもん」ってことで閉じられていた面も大いにあったと思うんです。現代の都会的なコミュニケーションを介すことで、地縁だけでなく、趣味とか知識とかでのつながりを、三浦さんのおっしゃっている「共異体」（三浦さんのいくつかの著書の中で提唱されている概念。共異体の成立条件として、①成員が固定的でなく、束縛されない②空間的に束縛されない③時間的に限定的である④共異体同士は排除し合わず、競争しない、の4つが挙げられている）を生み出していくことだと思っています。

三浦　そうですね。もうそれが大前提。やっぱりこれは地域共同体の復活ではなくて、「共異体」の誕生です。つながりたいけど縛られない関係ですね。そういう関係をどうやって作ろうかな、というのを同時多発的にいろんな人が考えてきた。それが20

00年代の10年。それはちょうど「ひつじ不動産」が始まって10年とか、「東京R不動産」もほぼ10年とか、そこに「住み開き」が出てきて。時代的には並行して動いてきたんじゃないですかね。

アサダ　つながりたいけども、でもガチガチの関係性じゃない。そのどこか隙間がある感じが、結果的にいろんなタイプのシェアを生んでると思うんです。そこでガチガチになりすぎると、おそらくシェアの円が閉じると思うんですよね。

三浦　そうそう。だから常にこう、人々の関心の円がお互いにだぶり合ってるということですよね。だからどれだけ多様なシェアができるかが豊かさの基準になってるんだと思います。そうなると自分だけ得しようと思ったらうまくいかないわけです。例えば私のこの部屋をカフェにして儲けようって思うと、不思議と誰ものってこないんだね（苦笑）。

アサダ　なんなんでしょうね、その神の見えざる手は（笑）。

●制度に先行する「コト」を信じる　3・11以後の動き

三浦　先週、財務省の人が取材に来て、「これから1人の若者が3人の高齢者を支えるようになって大変だ」みたいな話をされたんだけど、シェア的発想で見れば、「いやいや。3人の高齢者が1人の若者を支えればいいんだ」ってことになるんですよ。「部屋をタダでもいいから借りてくれ」っておじいさんがいたり、「料理を1人分だけ作るの面倒くさいからあなたの食べ物ぐらい作ってあげるわよ」っていうおばあさんがいるとかね。そういう人の家を若者が間借りして食費も安く生活する。その分、収入の低い仕事でも自分の好きな仕事ができる。その代わりにおばあちゃんを見守るとか、おじいちゃんの力仕事を手伝うとか。電球も替えられない孤独な高齢者と、好きなことを都会でやりたいけど家賃が高くて困っている若者。ここをいかにマッチングするか。

アサダ そうですね。今の日本の行政だと、高齢者福祉の政策と空き家ストック活用的な都市計画の政策、あと、若者雇用の政策といったように、二重三重の縦割りで税金が下りてくる、みたいになるけども、もうそれ、根本的に見直した方がいいですね。本来はそういうのって制度的な枠組み以前の話で自然にできるはずだと思うんですよ。

三浦 シェアハウスもまだ隙間産業ですよね。要するに行政が管理しきれてないわけだよね。だから、行政がゴミを収集する時はシェアハウスは集合住宅扱いにしてほしいが、消防はシェアハウスが集合住宅だとしたら非常口とかをもっと厳しく指導するでしょうね。シェアハウスがあんまり一般的になっちゃうといろいろ規制が出て来る。場合によっては「これは旅館じゃないか？」とか言われていろんな規制が生まれて、そこからまた余計な税金がとられたりするわけなんですよ。

だからシェアハウスって定義できないくらい曖昧なもののほうがいいと思う。事実一軒一軒のシェアハウスはとても個性的なわけだし。野放しのほうが、シェアという考え方が自然に普及していくし、かえって経済的にもまわっていくと思うんです。財務省の人たちにもそのあたりよく言っておいたんだけども（笑）。あんまり社会的に認知されちゃうと文化的な面白さが消えるんだよね。

アサダ　そうなんですよね。だからあんまり言葉にしないギリギリのラインだからこそ、いろんなことがモヤモヤッと許されているみたいな状況かもしれませんね。

三浦　モヤモヤシェアハウス！　いいね！

アサダ　そこのバランス感覚ってすごく大事かも。今、住み開きとかシェアの話ってのが、微妙にまだ掴みどころがないというか、グレーゾーンでＤＩＹな感じがするというか。だからこそ、この本を作ること、つまり言語化することに関しては、なかなかそのギリギリのラインで葛藤しています（苦笑）。こういった「コト」の方が、制度よりも先に世の中を変えていく。これが正しいという感覚があります。

三浦　3・11があったことで本当にそういう「コト」が先に動いている気がします。とにかく行政がやる前に、既にネット上で「仮住まいの輪」を作った人がいたり。むしろ行政はそういうものを後追いして、見なし被災者住宅として認定して、後から補助金をあげたりしている。でも、そうしていくべきですよ。市民が自分の力で同時多発的に公を担えるようになりつつある点が、今回の震災では本当に目に見えてきたと思う。

アサダ　3・11を経て、「勝手に自分たちで何かをやる」っていう空気は確実に蔓延してきてますが、行政はその動きを察知するところまでには全然追いついてないと思います。例えば、住み開きでも取材をしたシェアハウスをやってるような人たちが、3・11当日に、「一日中開けてるから誰でもきていいよ」って情報をTwitterで流して帰宅難民を受け入れたり。僕はこれまで各地で行なわれてきた住み開き的な活動は、まさしく緊急時に対する「つながりのレッスン」として非常に機能していると確信しました。

三浦　ぼくも実は、3・11の前日に京都の大学院生がやってるシェアハウスを取材に行ってたんですが、そこのシェアハウスも実際被災者を3人受け入れたそうです。これはすごい機能だと思いました。

アサダ　今回の三浦さんとの対話では、「私の領分で公をどう作るか」ってことを、改めていろいろと学ばせていただきました。ありがとうございます。

（2011.5.30）

仕事を開く　職場を開く

「住み開き」の事例を紹介する中で、必ず出てくるキーワードの一つが「職住一体」というスタイル。本書においては、「パブエンジェル」「good!」「cotona mama & baby」「少女まんが館」「物々交換デザイン　シカトキノコ」「アトリエＳＵＹＯ」「Roji-room」「谷町空庭」「navel cafe」「優人」などがまさにそのケースだ。「住み開く」ことはそのまま彼ら彼女らの「仕事を開く」ことに繋がる。いわゆるＳＯＨＯ型のワークスタイルはこれまでも多く見られてきたが、ここに「公」という役割が新たに埋め込まれているのだ。こういった事例を追う中、企業や社会福祉施設などが自らの職場を街に開いている話を耳にした。

東京都墨田区両国で金属加工業を営む中村仲製作所の三代目、中村敬さん。僕と同世代の彼は2007年から友人のＤＪやダンサーたちを招き、「まちこうＢＡＲ」というイベントを開催している。ふだんの工場そのものがパフォーマンスステージと化し、大きな加工機をＤＪブースにしたり、トラックの一部をバーカウンターにしたり、とにかくユニークだ。家業を継ぐ以前は介護福祉の仕事に携わっていた彼の中では、

「自分の仕事と社会貢献をいかに繋げるか」が課題だった。「まちこうＢＡＲ」を開催することで、古くからこの街で商売している地元民と、マンションに住む新住民とが交わる状況が生まれるなど、町工場ならではの、新しいコミュニティ作りを実践している。

また大阪市東成区の鶴橋にある文元歯科医院の取り組みも実に興味深い。診療時間の合間を縫って地域交流サロン「Com-be カフェ」を開催している。院長の文元基宝《ふみもともとたか》さんの専門は予防医療。虫歯ができてからの治療はさることながら、より重視していることは、患者さんとの対話からその人の暮らし方を読み取り、予防に繋がる提案をしていくことだ。その延長線上で、歯科医院を地域コミュニティの対話と交流の場として開くことを実践した。ここでは様々な「カフェ」（トークサロン）が開催されている。歯に関する話だけでなく、テーマは、恋愛、老い、料理、釣り、歴史、旅、子育て、映画、マンガ、喫煙などなど。その守備範囲は広く、様々な世代の地域住民がこのサロンに参加している。

他にも僕がお邪魔したところでは、ウェブ制作会社が商店街の中に事務所を構えたことがきっかけで、小さな駄菓子屋を運営し、子どもたちの交流の場になっているケースや、段ボール制作会社が若者の就業体験の仕組みとして、すべての家具を段ボールでこしらえたお洒落なコミュニティカフェを開いているケースなどがある。きっとこのような「職場を地域に開く仕組み」は探せばいくらでも出てくるだろうし、今後CSR（企業の社会的責任）のひとつのあり方として、いっそう注目されるはずだ。

また、「住み開き」同様、「仕事を開く」という行為は、一人の人間のアイデンティティの多様性を確認し合う場でもある。「今はお仕事モード」「今はプライベートモード」などと、1日24時間の生活の中で、人はその時々にふさわしいモードを演じる。

しかし、本コラムで紹介しているような事例では、あまりがちがちに「仕事モード」で地域の人と接していても、良好なコミュニケーションは成立しないだろう。むしろ仕事の中に「素」の自分を適度に獲得しつつ、同時に自らの専門性を地域コミュニティへとしなやかに転用してゆく、こういったスキルが必要なのではないか。職業／雇用形態の多様化が一層進むであろう未来において、「仕事を開く」というレッスンはより必要性を増していくだろう。

自前でコミュニティをつくる

松本哉さん、山下陽光さんとの対話

於：東京都杉並区高円寺北中通り商店街　なんとかBAR（素人の乱16号店）

松本哉　**まつもと はじめ**（次頁写真左）

1974年東京生まれ。リサイクルショップ「素人の乱5号店」店主。高円寺北中通り商栄会副会長。96年「法政の貧乏くささを守る会」結成以来、各地でマヌケな反乱を開始。05年、東京・高円寺で山下陽光らと「素人の乱」をオープン。その後、「3人デモ」「俺のチャリを返せデモ」「家賃をタダにしろデモ」「原発やめろデモ!!!!!」ほかとんでもないデモを行う。現在は高円寺でゲストハウス、飲み屋なども運営しつつ海外のオルタナティブスペースとの交流を深め、世界各地の大バカな奴らとの文化圏作り＝「世界マヌケ革命」を目指す。主な著書に『貧乏人の逆襲！　増補版――タダで生きる方法』（ちくま文庫）、『世界マヌケ反乱の手引書――ふざけた場所の作り方』（筑摩書房）など。ブログ matsumoto-hajime.com

山下陽光　**やました ひかる**（次頁写真右）

1977年長崎生まれ。2005年「素人の乱」を松本哉と高円寺にオープン。ファッションブランド「途中でやめる」主宰。2020年現在は福岡在住。

著書に『バイトやめる学校』（タバブックス）がある。

●限りなくタダで楽しく暮らす方法

アサダ　僕は音楽をやっている関係で高円寺にはよくライブで来てました。「素人の乱」にも何度か遊びに行ったことはあり、リサイクルショップやら路上鍋会やらサウンドデモやらまちぐるみでなにかと楽しそうなことをしてらっしゃるなと。松本さんは今、このあたりに住んでらっしゃるんですか？

松本　はい。3人でシェアしてます（当時）。もう1人の同居人と、その友達の友達のラトビア人と。ちょうど一部屋空いてる部屋があって、もうそこは完全にゲストハウスみたいになってて。外国から友達が来たら泊めてあげたり。

アサダ　誰かが遠方から泊まりにくると、「あそこの家に行ったら泊めてくれるよ」的な自由な場所が街中にいくつかあったらそれは楽しいでしょうね。なんかそういうふうな環境が「素人の乱」周辺では出来上がっているイメージはありますけど。

松本　そうですね。以前は本格的にゲストハウスを作りたかったんですけど（現在は「マヌケ宿泊所」をオープン）、最近はまあ家に泊めてあげる程度でいいかって感じになってきてますね。まともに開業すると手続きがすごい面倒だし。やれ消防署に届け出さないといけないわ、面積と人数の割合が決まってたりだとか、とにかく面倒くさいですね。

アサダ　規制が厳しい分、事実上ゲストハウスなんだけど、その言葉を使わず勝手にやってますって人は結構いるんでしょうね。

松本　謎のゲストハウスもありますよね。「なんだかこの辺やたらと外国人が多いな〜」とか思ってたら、その辺の民家とかがゲストハウスになってたり……。許可取ってるのかよくわからないような。海外には闇営業のゲストハウスって多いですよね。店主いないところが多くて、一番長く住んでいる人が管理人みたいな。ヨーロッパに遊びに行った時に、必ずそういったフリーなスペースやスクワット（不法滞在）で生まれたシェアハウスみたいなのがあって。「今日ここで泊まれ」って勧められたり。お金も全然かからないし。日本って泊めてもらおうと思っても「いやあ、俺ん家は今日はちょっと……」みたいに断わられてばっかりだから、みっともないですよ。

山下　特に東京がそうだよね。地方行ったらそこの土地の人にすごく世話になるくせに、東京では狭かったりで「じゃあ、うちに来なよ」ってあんまり堂々と言えないというか。

アサダ　でも高円寺の場合、泊まるところだけなんとか確保できれば、「素人の乱」周辺で服や食べ物など、生活必需品はだいたいかなり安く揃いそうですね。

山下　最近、シェアハウスが増えてきてますよね。それこそ住み開きでも取材されてる「渋家《しぶハウス》」(85頁)とか「まれびとハウス」(95頁)とかが出てたシェアハウスのイベントに行ってたんですけど、いっぱいあるんだなと。それに、みんなお金儲けとかじゃないよね。

アサダ　そうなんですよね。シェアハウスやってる人たちの理由が、家賃が安くなるからって理由だけじゃなくなってきてるというか。面白いからとか、一緒に暮らすことで新しいつながりが生まれるからとか、そんな理由の方が強く感じますね。24時間生きている状況をみんなでシェアしあってる感じ。

山下　そうそう。安いってだけではなくなってきてますね。何かしら似たような人たちが集まって来るからお互い仕事紹介しあったりね。住んでるだけで友達が増えていくって感じかな。

松本　以前、大久保で「山川荘」って呼んでた場所を運営していた時があって。そこは大久保駅前のビルの屋上部分とそこに建ってるプレハブ小屋を借りたんですよ。そこを共有のフリースペースみたいにしようということになって。基本は住んでないんだけど、常に誰かが泊まってたり、飲んでたり、なんかやってたりってところで。夜逃げしてきた奴が1カ月くらいそこに住んだりとか。

アサダ　いいですね。屋上とプレハブ小屋の住み開き。

松本　そこって不動産屋的にも貸したらいけないところっぽくて、不動産屋も大家にこの話を言ってないみたいなんですよ。だから、僕らの払う家賃は完全に不動産屋の懐に入るようになっているはずで。だから僕らの言った要求はなんでも聞いてくれましたね。電気とか水道とかは、その不動産屋がそのあたりから全部引っ張って来てくれて、なぜかタダで使えるようにしてくれたり（笑）。それですぐブレーカーが落ちるって時に「アンペア数を上げてください」って言うと「これは公衆のやつだから勝手にそんなことできない」って言われて、「それじゃ家賃払えませんよ！」とかごねると、何日か経ったら「松本君！　鍵作ったよ！　これで大丈夫！」とか言って東京電力の鍵のコピーみたいなの持って来て配電盤とか勝手に開けて（笑）。ほんとよく捕まらないなぁって感じですよ（笑）。

アサダ　なかなかゴロツキな不動産屋ですね（笑）。

松本　テレビとかも「映りが悪い」って訴えると、下の人が使ってるケーブルテレビを勝手に分岐させて、タダで使わせてくれて。下の人がテレビを観てないかどうかチェックして「今なら大丈夫だ！」とか言って（笑）。ビルに住んでいる人も不法滞在の外国人ばっかりらしく、警察が来たりしてましたしね。

アサダ　相当アナーキーなビルですね。屋上プレハブを貸し借りする以前に、ビルに住んでいるやつらの大半が悪い奴らだったんですね（笑）。

松本　いやだからもう全員悪人なんですよ（笑）。だから誰もお互いを通報しないというか、通報できない。最後は僕らもその不動産屋と揉めて結局出て行ったんだけど。

アサダ　この（対談会場の）「なんとかBAR」はいつから始まったんですか？

松本　ここは2010年10月から。毎日違う人が運営してたら面白いと思って、それで日替わり店長のバーとしてやってますね。店主のノリで店の雰囲気も変わるし、客層も変わるじゃないですか。だからこれまで会ってなかった人たちも来るようになって、これまでの「素人の乱」の常連と交じるようになって。他にも目的があって。地方に行けば必ずその土地の面白い奴らが集まってる店とかがあって世話になるんですけど、逆に「東京においでよ」って声かけても、みんな口を揃えて「東京は高すぎて行けない」って言うんですよ。旅費も滞在費も物価も高い。それが悔しくて、ただで東京に遊びに来れる方法はないかなって考えたんです。それで思いついたのがこの「なんとかBAR」。ここで一日店長やってちょっと稼いで、ここにただで泊まればいいじゃないですか。実際、京都の友達が来て、ここで一日店長やって交通費程度は稼いで、ここに泊まって帰ったから、まんまとただで東京で遊んで帰りましたよ。

アサダ　なるほど、ゲストハウスとかシェアハウスとかいろんなタイプの場づくりのメリットが、この「なんとかＢＡＲ」には詰め込まれている気がしました。

●リサイクルショップ「素人の乱」誕生

アサダ　そもそもの質問なんですけど、もともと「素人の乱」を立ち上げる時の、松本さんと山下さんの関係性と、リサイクルショップを始める経緯はどんな感じだったんですか？

松本　2005年5月に「素人の乱」を始める1年前くらいに初めて会ったんじゃなかったっけ。その1年間はほんとたまにどっかで会って挨拶するくらいのただの知り合いって感じだったよね。俺はリサイクルショップでバイトしてて、そろそろ自分で店を開こうかなって思ってて、それで高円寺に来て物件探したりもして。陽光君はもともと古着屋を高円寺で以前にやってたり。それで仲良くなって陽光君と一緒に空き物件見に行ったり。

アサダ　山下さんはもともと高円寺で店やってたんですか？

山下　ええ、その頃も古着屋をやってたんですよ。そこは1階が古着屋さんで、古着屋を通って2階に上がれるんだけど、その2階を間借りしている人がいて、そこでギャラリーみたいなことをしてるんだけど、3カ月に1回くらいしか使ってないんですよ。だから、その間借りしている人からさらに間借りさせてもらって。それで家賃2万円とかありえない値段で店を始めたりしてたんです。それで半年で見事に潰れて次は高円寺駅のケンタッキーとマクドナルドの間の路上で、場所とショップを合わせて「場所っプ」って名乗って、1〜2年くらいは毎週土曜日ただ飲んでましたね。それでいつかまた古着屋をやりたいなって思ってたら、「外で酒ばっか飲んでないで店出しなよ！」って言ってくれる人がいて、その人が物件を紹介してくれたんですよ。それでまた店を新たに始めたんですよ。

アサダ　そのタイミングと松本さんが店を出すタイミングが一緒だったってこと？

松本　そう。その物件も建て壊す前の3カ月間だけ好きに使っていいっていう条件だったので、下手したら本当に3カ月で終わる店だったんです。だから半分遊びで半分本気っていうスタンスで始めたんですよね。

山下　でもそうこうしているうちに商店街の人たちが様子を見てくれていて「あいつら結構頑張ってんじゃん」って感じに思われたみたいで、「他の物件も空いてるから紹介しようか?」って声をかけてくれて。敷金礼金とかかからないような物件を紹介してくれたんですね。それで他の店開きたい仲間も呼んでいって「素人の乱」が増えていったんです。

アサダ　それがもう何年も続いてるわけですからすごいじゃないですか！　やっぱり、街ぐるみで勝手にコミュニティ作るってことは、まあ住み開きするにしてもそうなんですけど、大家さんとか街の物件情報通とかと仲良くなっておくことってすごい重要ですよね。

松本　そうですね。「素人の乱」も最初始めてから、商店街の人とか町内会の人とかといろいろやりとりがあって、一緒に酒飲んだりもしてね。こっちもタダ同然で貸してくれてるから恩もあるし、なんか困ったことがあったら「手伝いますよ」って声かけたりして。そのやりとりがすごいよかったんだと思いますね。そういうことの積み重ねですごい活動が広がった気がします。

アサダ　なるほど。「素人の乱」のやっている活動、デモとかも含めてやっぱりヘンテコで面白いっていうか。一見、普通にお商売やっている人たちからは理解できない面は多々あると思うんですけど、でも、表面上パッと見たらリサイクルショップとか古着屋じゃないですか。そこは結構ポイントだと思いますね。

松本　そう。お客さんは普通に店として認識して入ってくる。そういう人の中から僕らの活動を理解してくれる人が出てきたり、出てこなかったり。

山下　あと、商売だけは褒められなかったよね。「新しい若者の生き方」みたいにもてはやされても「売ってる古着マジやばいっすね！」とかはなかった（笑）。知名度が上がっても、いろんな取材を受けようが、まったく売り上げは上がらなかった（笑）。でも最近渋谷パルコのクリエイターズマンションという店から話があって、自分の作ってる「途中でやめる」ブランドの服を置いてもらったら、「冗談なんじゃないの？」ってくらいに売れて、商品を売るセンスがなかったんだな、と。

松本　商品にまったく触れずに取材して帰るもんね。店として紹介されたことがない（笑）。

●地域コミュニティとデモ　そして長期滞在のシステム

アサダ　一方、「素人の乱」が展開するデモ自体が高円寺のまちの宣伝というか、デモに参加した人がこの街に住んでみたいとかってありますか？

山下　そういう人は意外と多い。「迷惑」と言う人もいっぱいいいるだろうけど、「あれを見て、俺は住み始めました」という人もいます。

松本　３・11後に東北から流れてきた人もいますね。うちのお客さんでも、「安くてもいいから、ボロくてもいいから、ワンセットくれ」みたいな注文を受けていろいろ聞いてみると、「実は被災地から来ました」と。

山下　きのう（２０１１年5月31日）「原発やめろ巨大飲み会」ってのを開いたんです。普通に会社で働いている人たちって職場ではあまり反原発的な話ができないらしいんですよ。「原発怖いよね」とか言うと、「危険を煽るなよ」という感じになるらしい。だから、「いやいや、みんな原発怖いっスよ」っていうことを確認しあう飲み会を開こうと。それで親睦を深めたら、次にやる6月11日のデモにも参加しやすいんじゃないかと思って。予想以上にたくさんの人が来て大変でした……。

アサダ　僕にも案内がまわってきましたけど、会場が「さくら水産」ってのが笑えました。「チェーン店の居酒屋で原発の話するのに２００人集まるってどんな会やねん！」と（笑）。

山下　最初は、金持ちで会場を提供してくれる人を募集したけど、全然なくて……。なんか、飲み屋をやっている人とか、空いている工場を持っている人が、「どうぞ」とか言ってくれればいいと思っていたんだけど……。それで「さくら水産」になったんですね。「原発怖い」と言うのに、一番危ないと言われている魚のところですよ（笑）。しかも「原発、怖いですか？」って店長に聞いたら「いや、僕は怖くない」って（笑）。

アサダ　「原発やめろデモ」以降、「素人の乱」はますます有名になりましたよね。メディアへの露出も多いし。

山下　昨日もロイター通信の人が原発反対デモの取材に来ていて、「外国人に説明ができないから、君らのことを何と言えばいいのだ？」と。「なぜ、そんなに人が集まるのだ？」と言われました。外国では、昔からの政党や活動家なりが首謀してて、それで人が集まったりするけど……。

アサダ　なんせお二人は「リサイクルショップ店主」と「古着店店主」ですからね（笑）。

松本　記事によっては、「原発に反対する市民団体・素人の乱が呼びかけました」と書いてあるときもあるし（笑）。

アサダ　「素人の乱」が「市民団体」という時点で、だいぶギャグですよね（笑）。

松本　それか、「リサイクルショップ店主らが呼びかけて、1万5000人集まりました」とか書いてるけど、普通集まるわけないだろと（笑）。

アサダ　原発の動きがどの段階までいけば、デモをする必要はなくなるという、そういう目処《めど》ってありますか。

松本　せめて止まる方向に向かって動いていく状態にならないとダメですよね。「原発を推進します」と言っているようじゃ……。でも、ずっとデモだけ毎月のようにやっていればいいかというと、そうでもないと思いますし、インパクトも薄くなってくる。「ああ、いつものやつか」という感じでは意味がないですからね。巨大デモ的なやつは、たぶん今回で一段落のような気もしますけど（編注　2011年9月まで。その後も別のデモは時々行われている）、みんなの意見次第で何か違うイベントをやったり、また節目が来れば大きいのをやったり、いろいろ変化していくのかなと思っています。

アサダ　東京で「素人の乱」がデモをやって、勝手にデモをやりだす人がほかのエリアからも出てくるような状況になっていけば、それは面白いですよね。

松本　そうですね。きのうまで台湾に行ってたんですが、台湾も反原発運動が盛り上がっていて。日本と同じような感じで、結構昔からやっている反原発の古い運動家もいて、そういうおっさんたちは「〝サウンドデモ〟? 何だそれは。もっと真面目にやらないとダメだ!」とか言ってて若い人たちがしたいデモとノリがあわないんです。その台湾のデモは4月30日にあったんですけど、その直前の4月10日に僕らがやってた高円寺のサウンドデモをみんなUSTREAMとかで見ていて、「あれだ、あれだ」という感じになって。それで、結構おっさんたちも納得したらしく、台湾でのサウンドデモが実現したんです。ネットを通じて高円寺のデモが台湾の若い人たちにすごい影響を与えたこともあって、それで呼んでもらって交流してきました。

アサダ そんなグローバルな規模での広がりがある一方、「素人の乱」がこれまでやってきたデモは、あくまで「高円寺」という街のイメージを常に背負ってきた印象があって。もっとコミュニテイ寄りのテーマ、例えば家賃の話とか、リサイクルショップやっているからPSE法の話とか。それが原発反対みたいな大きなテーマになってくると、地域コミュニティという感覚は普通は薄れてくると思うんですよね。でも、「素人の乱」のデモってそれが薄れてない気がするんです。そこがすごい特徴だと思います。

松本 コミュニティというのは、場所のことを指すようだけど、実際のところは人間関係ですからね。結局、人間関係で何かやる以上は絶対そこと繋がると思います。

アサダ　そういう意味では、積み重ねができている感じがしますよね。いきなりデモをやったわけではなく、いままで「素人の乱」周辺の人たちがやっていたからこそ、いまのデモがあるんだなと。あとは、やっぱり長期滞在できる仕組みが欲しいですね。例えば1カ月滞在していたら、その間にデモに参加したり、「なんとかBAR」で店主やったり、リサイクルショップを手伝ったりして多少の生計が立てられて。

松本　そうですね。土日の昼間に来て、1〜2時間いて帰る人が結構いますけど、それじゃ何もわからないですよ。それが、滞在してくれると、ここで朝まで飲んで、昼まで寝て、みたいな生活があったりして、ようやくここのコミュニティの面白さが見えてくる。

山下　東京でも家族で住んでいたけど、もう旦那さんも亡くなって、息子も娘も子どもができて、1軒のお屋敷みたいなところに1人で住んでいるようなおばあちゃんが、いっぱいいると思うんですよ。そこにどうにかねじ込めないかと。「おまえ、タダで住んでいいから、ここにいてよ。その代わり、話し相手になってよね」という感じで……。

アサダ　フランスでそういう事例があります。お金や家がない若い学生と、お金や家はあるけど孤独な高齢者を介護サービスを通さずにマッチングする。お互いの足りてないものを世代を超えてシェアするみたいな話ですよね。

山下 10人で6戸のアパートを借りるとか。だって、自分が家にいる時間って、12時間あるかないかですよね。だから、シフト制みたいにして集団で借りたらたぶん回るんですよ。仕事勤めしている人、夜勤の人とか、家に居る時間が決まっている人それぞれ、バラバラだったら、実現可能ですね。不動産じゃなくて、「動産」っていう考え方かもしれませんね。

松本 大久保の辺りは、イラン人とかそうやっていたよ。6人とかで住んでいて、3人、3人で、日勤と夜勤の人を分けて、交互に寝ていると。それを拡大して、「寝室」「居間」「仕事部屋」「倉庫」という感じで何カ所か借りておいたらいいですよね。

アサダ それで、高円寺と渋谷と下北沢、いろいろなところで借りておいたら、「きょうはここに近いから、ここに帰ろう」とか、面白いですよね。

松本 あと以前から考えていたのは、バスをなんとか1台手に入れて、それで日本中をぐるぐる回る。それで、いろんな地域の変な店とか仲間の店とかを訪ね歩くみたいなことができないかと。安く移動したり、宅急便がわりに物の輸送を頼んだり。そのままそこでバスの中で生活しだす奴が出てきたり（笑）。移動だけじゃ面白くないいから、夜行で走るときに車内で居酒屋やってもいいし、ライブやってもいい。イベントが始まるときが新潟で、終わるときが函館とか面白いでしょ。もっといえば、車内に物販コーナーを置いておいて、ＣＤや本なんかを売ってもいい。ここまできたら、もう日本のとんでもない文化を凝縮して走ってるようなもの。サーカスみたいなノリで、「あ、あのバスが来たぞ！」とか言って街中のバカなやつらが集まってきたり……。

アサダ　それいいですね。ネットで今そのバスがどこ走ってるかわかるようにして、いろんな輩を各地で拾って行く（笑）。

松本　酔っぱらった奴がうっかり乗って、起きてみたら「ここどこ？　静岡!?」とか言ってびっくりする（笑）。

アサダ　これもある意味、住み開きなのかもしれませんね。いろいろなアイデアをぜひ、一緒に実現できればいいですね。今日は本当にありがとうございました。

（2011.6.1）

3・11　住み開き　疎開　表現　コミュニティ

2011年3月11日。その日、東京都内にて予想以上に多くの人たちが自宅を開放した。東日本大震災発生後、大量に生まれた帰宅難民を受け入れるための瞬時の行動だった。ちょうどこの日、僕は本書の取材のために東京に滞在していた。そして、この日を境に「住み開き」「コミュニティ」という言葉を意識するようになった。本質的には変わらないけど、以前より一層、「コミュニティ」の意義が僕の中で確実に変化した。「地震、爆撃、大嵐などの直後には緊迫した状況の中で誰もが利他的になり、自身や身内のみならず隣人や見も知らぬ人々に対してさえ、まず思いやりを示す。」（レベッカ・ソルニット［2010］）。帰宅難民を受け入れる一時的な自宅開放は、まさにこの引用が具現化されたエピソードだ。震災という最悪な事態をきっかけにしつつも、ここには理想的なコミュニティの萌芽が見られると書くと少々大袈裟だろうか。でも僕はこの一時的な行為をきっかけに、他者との創造的なコミュニケーションを味わった人々が、より持続的に新たなコミュニティを築いてゆく、そんなシナリオを描けないものかと妄想した。当然、自分のような無力な人間にできることは限られていて、ただウダウダと考えているだけの自分を苛《さいな》みつつ、ひとまず東京を後にした。

その後、原発事故の深刻さを踏まえ、西日本への避難者が増える状況が現実化する中、大阪に戻って少しずつやり始めたことがある。本書の取材過程や、僕がこれまで実践してきた地域プロジェクトで出会った西日本の仲間たち数人に疎開先を募集し、東日本から一時疎開を希望する未来の仲間たちを受け入れるという活動だ。こういった動き自体は、むろん珍しいことではなく、行政単位から僕のような個人に近い単位まで、様々な組織が実際に動いている。ただ、僕がやっていることに唯一特徴があるとすれば、僕の人的ネットワークにおいて反応してくれたのが、受け入れる側も受け入れてもらう側も広い意味での「表現者」たちであることだろう。そしてお互いを繋いでいく過程で、改めて気づいたことがある。それは表現者たちは持てるものを他人と「シェア」することと、各地のコミュニティを「ノマド（放浪）」しながら制作することにおいては、常日頃訓練を重ねてきているという事実だ。とりわけ前述した帰宅難民の受け入れについては、僕の周辺にいるクリエイターたちのシェアハウスや、若者が集う住み開きスポットがとにかく良い動きをした。例えば、本書で取り上げた田端の「まれびとハウス」（95頁）や新代田の「行脚庵《あんぎゃあん》」（80頁）はいち早くTwitterで「受け入れＯＫ」と情報を流していた。突如現れる外来者を招き入れることに慣れているのだ。また、こういう非常事態に際しては、受け入れ対応機能が充実している街がどこなのかが、如実に現われる。大阪市西成区のあいりん地区（通称「釜ヶ崎」）と呼ばれるエリアは安宿が多く、日頃からバックパッカーがたくさん訪れる街ということもあり、いくつかの団体が被災者に宿泊施設を無償（もしくは安価に）提供するような動きを始めている。従来よりこの地で活動している芸術系のＮＰＯ「coco-room」の存在も手伝って、関東で活動しているアーティストが子連れで疎開をしてくるなど、少しずつ受け入れも始まっている。また、高齢化が進み、空き家の目立つ大阪市此花区の梅香・四貫島エリアでは、数年前より地元の不動産会社とまちづくり組織が共同して、アーティストやデザイナーに改修可能な物件を安く紹介する仕組みを整えてきた。その甲斐もあって、街自体がまさに表現者のネットワークを形成しており、そこで繋がった関東のアーティスト一家がいち早く子連れでこの地での疎開生活を始めていた。もちろん、誰もがこのようなフットワークの軽さで疎開を決断できる環境にはないという事実は承知している。彼ら表現者たちの多くはフリーランサーとして動いており、究極的にはネットが繋がっていればどこにいてもある程度の仕事ができてしまうので（もちろんジャンルにもよるが）、東京一極集中的な勤務体制から逃れやすいという点においても、比較的疎開を実行しやすい環境であると言えるのは確かだ。

さて、疎開先の情報を流し始めた当初は、受け入れてもらう側のメリットは見えやすくとも、受け入れる側のメリットまでは想定していなかった。しかし、実際に東から訪ねてくる表現者たちと情報交換をするうちに、西のコミュニティの中に新たな価値観が挿入される瞬間があった。それはやや抽象的な言い回しになるが、これまで自分たちのコミュニティにおける価値観や一体感（ともすれば閉鎖性）を核に活動してきた人たちが、「3・11」（震災／原発事故）というある種、普遍的な状況を携えた外来者を受け入れることにより、人々の関係性のあり方がより重層的に進化していくということだ。「コミュニティは定住者と一時的な居住者とを融合させることで社会的に安定する、そして長期間その場所に留まる人々が継続性を提供する一方で、新参者はクリエイティブな融合を生み出す多様性と相互作用を提供する」（ジェーン・ジェイコブス［1977］）といった引用も参照しつつ、このことをしごく単純に言えば、「お互いがお互いの持てるもの（経験や知識や技術）において相手を幸せにすることで、お互いがもっと幸せになる」という関係性の構築だと思う。

僕が尊敬するフランスの思想家、ジャック・アタリが著書『いま、目の前で起きていることの意味について』（岩澤雅利・木村高子・加藤かおり訳、早川書房刊［201

0」）において、以下のようなことを書いている。少し長いが引用する。「定住者は自分がかつてノマドだったこと、あるいはいつの日かノマドになることを念頭に置いて、ノマドの人々を快く受け入れ、彼らの考え方を寛容に受け止め、彼らを助けなくてはならない。そして定住者がノマドの境遇になったときは、自分がかつて定住者だったこと、あるいはいずれ定住者になることを忘れず、居住地で適切に行動し、身を置いている場所の生活習慣に従うことを積極的に受け入れなくてはならない。ノマドであると同時に定住者でもあるというこの二元性、歴史の始めからあるこの対立の克服、旅への欲望を失わないこの定住生活は、グローバル化した世界を人間が生き抜くただひとつの方法だ」。この文章は今回の震災以前に書かれたものではあるが、これから本格的な復興体制を強化していく日本における新しいコミュニティのあり方を考える上でのひとつの予言であると思う。表現者たちを軸として加速する「疎開的ノマディズム」とそれを受け入れる「住み開き」的な活動の融合というシナリオ、そしてそのシナリオによって実現する利己を超えた大きな幸福。あながち僕の妄想としてのみ、留まるわけではないのではなかろうか。

住み方は、生き方の表現である

田中恒子さんとの対話　於：京都府木津川市　田中邸

田中恒子　たなか つねこ

大阪教育大学名誉教授。1941年大阪市生まれ。63年大阪市立大学家政学部住居学科卒業。65年京都大学工学部建築学科文部技官として勤務。その後、奈良教育大学教育学部講師、助教授を経て同学部教授、大阪教育大学教授、大阪教育大学附属平野中学校校長を歴任。著書は『家族と健康にやさしい住まい』（共著）『育ちあいの家庭をつくる』『恒子とRANKOの住み方ノート』『恒子の子育てノート』（以上かもがわ出版）、『あなたの住み方再発見』（たいせい）、『新しい住生活』（連合出版）ほか。また、現代美術の愛好家・コレクターとして40年にわたり「アートと共に住まう・暮らす」を実践。関西を中心とするギャラリーや美術館を巡り歩き、若い作家たちの才能の輝きを見つけ、その飾らない人柄で多くの美術関係者から親しまれている。2009年にほぼ全てのコレクションを和歌山県立近代美術館に寄贈。同館にて、展覧会「自宅から美術館へ：田中恒子コレクション展」も開催された。

●まず、住まい方の工夫から

アサダ　田中さんに関する文献をとっても面白く読ませていただきました。また田中さんご自身が「〝住み開き〟に興味がある」って言ってくださっているのを、風の噂で耳にしまして（笑）。音楽や美術などの表現分野に関わりながら、同時に生活コミュニティ自体をもっと面白く再編集していく活動をやってきた僕としては、住まい方の研究者であり、かつ現代美術コレクターでもある田中さんとお話しできるのは本当に嬉しくって。

田中　それはそれはようこそお越しくださいました。アサダさんは音楽をやってるって原稿にも書いてらしたから、今日はアサダさん歓迎のための音楽何にしようかって考えて。ルイ・アームストロングにしてみたの。ところでこの音楽、どこから流れてるかわかる？

アサダ　スピーカーが見当たらないですね……。えっ!?　ここ（天井に近い収納スペースの中）に埋め込んでるんですか？

田中　当たり。そういうふうに設計してあるんです。職業柄、よそのお家の住み方をよく見に行くんですけど、テレビが床の間にあったり、食卓の横にあったりして、家族の中心にテレビが陣取ってしまっていて。私はああいう住み方が嫌いで、うちはね……（収納スペースの引き出しを開けるとテレビが登場）。

アサダ　今まで取材をしてきて、収納スペースの中からテレビが出てくるの初めてみましたよ（笑）。これは面白い！

田中　扉を開けたらここに置いたままでちゃんと観られるような配置にしてあるし、必要ない時は隠しておいたら家の中すごくすっきりするでしょ。若い時から他人様の住み方の調査をしていたので、無駄なことをしてしまっている住み方に対しては敏感なんです。例えば、コタツがあってその後ろにソファあるとするでしょ。そしたらみんなソファに座らないんですよ。ソファの椅子のところは物置になって、そのソファにもたれてコタツに入っているんですよ。じゃあソファは要らないんじゃないかって。

アサダ　確かにソファって場所とりますすし、座り方が確定しちゃいますよね。それ以外の座り方ができないっていうか。

田中　それに加えて、女の人の体にとってソファは大きすぎるんですよ。体の大きな男性だともたれられるんですけど、女の人の場合、背もたれまで届かないのでお尻に力を入れて膝を立てて座らざるをえないんです。そういう意味で、ソファは男性型の家具だと思ってるんですよ。うちの夫はソファが好きなんですけどね（笑）。

●田中家の住み開き原体験

アサダ 基本的にそうやってご主人と若干の意見の相違はありながらも、「この家を開いていろんな人に来てもらおう」「開放的な家にしていこう」ということに関しては、同意がとれていたんですか？

田中 はい。田中家はずっと開きっぱなしです。そもそもの経緯を振り返ると、私の生家は大阪の下町の長屋で、父親が表で鉄鋼の卸売業をやっていたんです。その奥に茶の間があって、その横に台所があったんですね。母親がご飯を作って私たちが食べているところに、父親の友達が訪ねて来て、私たちの横で飲み始めるんですよ。だから子どもの時から夕食の場に他人が入ってきて一緒に飲んでるみたいな状況は慣れっこだったんです。

高校を卒業して大阪市立大学の家政学部（現・生活科学部）の住居学科に進んだんですが、ここで住み方についての研究に目覚めて行くわけです。その後、大学教師になって結婚して歳を重ねていくのですが、その当時は女性の大学教師は珍しかったので、学生から見たら「女性の先生はご飯を食べさせてくれるんじゃないか？」って思われたらしく、私の家が学生の集まる場になったんですよね。私も実家では他人が家にいる生活に慣れていたこともあって、当たり前のように「いいよいいよ」って学生たちに食べさせていたんですね。働いているお金のいったい何割を学生たちの食事代に使ったのかわからないくらい食べさせてましたね（笑）。

アサダ　それはすごいですね（笑）。学生みんなの台所というか、田中さんは学生みんなのお母さんだったわけですよね。

田中　京都の大学に勤めている間はずっとそんな生活を送っていて、奈良の大学の勤務に移ってからも家は京都のままだったので、京都の学生たちは私がそこに住んでいる限り、相変わらず続けて来るんですよ。どんどん友達を連れてきて。ある時、東京から来た全然知らない学生が「今晩泊まるところがないので泊めてください」とか言ってやってくるんですよ（笑）。まさしくアサダさんの言う住み開きですよね。

アサダ　いや、もう完全に住み開きですよね。しかもかなりオープンな部類の（笑）。

田中　当時まだ私も結婚したばかりで、新婚夫婦の家に他人の男の子がやってきて――

緒に生活しているみたいな状態です（笑）。私たち夫婦に子どもが生まれても学生たちはおかまいなし。夕方大学の研究室を閉めて、家に帰って子どもにご飯を食べさせてお風呂も入れて、さあ寝かせようとしていると、学生から「今からご飯食べにいっていい？」って電話がかかってくるなんてことが、日常茶飯事だったんです。だから私の子ども2人も小さい時からそういう住み開かれている環境に慣れていたので、ずいぶん社交的な子に育ちましたね。

アサダ やっぱり代々受け継がれている原体験というか。他人が常にいる状態の家に住んでいる人は、またそういう家を作るんだなって思いましたね。本書での取材でも、「実家が八百屋さんだったから、開くことにもともと抵抗がない」っていうケースもあったんですよ。

●手をかけすぎず、とにかく開いてみる

田中 それから、今度は大阪の大学に勤務が移って。家から職場が遠かったこともあって、土日とか夏休みとかだけになりましたが、学生たちがここ（現在の住まい）でバーベキューをするんですよ。こんなふうに、みんなで一緒に料理を食べて語らい合うという関係を大切にしてきました。だから料理抜きでの住み開きは私の中では考え

られなかったですね。

アサダ　でも、それだけ多くの学生に料理をするのって相当大変だったでしょう。

田中　それにはコツがあって。私の料理の鉄則は「手をかけない」ということなんです。手をかけてしまうと「こんなに手をかけないと駄目なんだったら、もうお客さん呼ぶのはやめよう」ってなるんですよ。だからお客さんを招くことを面倒と思わないようにするには、料理も簡単にしておくことがとても大切なんです。一品持ち寄りはすごく好きですね。

アサダ　なるほど。今の話をうかがって、改めて田中さんの料理やインテリアや植物など見てみると気づいたことがあります。実は、美しく暮らすってことと、徹底的に手をかけて暮らすってことは必ずしも同じではないんだなと。手をかけずとも、気づいたことをパッとその時にほどよい体裁でやれるかどうかが重要なんじゃないかと。

田中　そうかもしれませんね。私はとにかく思った時に思ったことをすぐやる性格なんで。

アサダ　なんでも完璧にしようって思いすぎると、気が重くなってしまって、「どうせやってもできないだろうなぁ」って思ってしまって、結局行動に移せないってことって多々あると思うんですよ。

田中　悩んでる間に、パパパッと動いてやってしまった方がいいと思うんですよ。例えば植物や小物などを友人にもらってもそれを捨てないで、使える部分だけでその場でパッと飾ってしまう。それが私流ですね。だんだん習慣にしていくと身体に染みついてくると思います。

アサダ　住み開きに関しても、これまで「どうやったら住み開きできるんですか？」って質問を結構受けていて。でも、実行してみるのが一番早いと思うんです。別に何も確固たるルールがあるわけではないし。一応、提唱している立場として、いくつかのポイントを伝えてはいますけど、一番伝えたいことは「とにかくやってみること」なのかもしれません。

田中　私なんか、生まれた頃から住み開かれている状態で育ったので、それが当たり前だったんです。だから、この家を建てる時も、開かれた家にするために設計上の工夫を施してます。

例えば、リビングから玄関がそのまま見えるように透明ガラスになっているし、夏なんかだとそこを開けておくと、声もとにかくよく通るんです。玄関で一言「こんにちは！」って言ってもらえれば、こっちから見えるし声も聞こえる。だから「上がって〜！」って一言かけるだけでいい。最初からそういう住み開き用の作りになっているんですね。

アサダ　確かに。至るところがガラスや吹き抜けになっていて、どこからでも見えたり聞こえたりしますね。

田中　だから知り合いの人に「この家あげるって言ったらもらってくれる？」って冗談で尋ねると、「絶対にいらん！　こんな丸見えの家、住めないわ！」って笑いながら言われるんですよ。面白い家だと思ってるんですけどね（笑）。

アサダ　間違いなく、面白いですよ（笑）。あと、引き戸も多いですよね。

田中　そう。至るところに引き戸。いざとなったら外せるし、空間がどんどん繋がっていくんです。こういった「足よりも先に気持ちが前に行く」空間を目指す設計の一つひとつが、私の住まい方に対する思想の表れなんです。最初にお話をしたテレビを隠しておくってことも同じく、この思想からですね。

アサダ　田中さんのような感覚を持てれば、もっと面白い住み方を発明できるのかもしれませんが、やっぱり世の中は個室化の一途を辿ってますね。

田中　私は集まりこそが住まいの価値だと思っていて。あんまりプライバシーを重視しすぎるのは、個人的にはいかがなものかと感じています。

アサダ　ちなみに、お子さんと同居されていた時は、子ども部屋はあったんですか？

田中　部屋はありましたが、ほとんど24時間開けっ放しでしたね。息子が中学生の時は反抗期なのか一時期だけ閉めてましたけど（苦笑）。

アサダ　それはわかりやすいエピソードですね（笑）。確かに今は1人になりたいとか、何かに集中したい時とかは、1人になれる環境を選択はできてもいいけど、開いているのと閉じているの、どっちが原則かと言えば、田中家は完全に開いている方だということですね。

田中　そうですね。

アサダ　今の時代は完全に逆だと思っていて、プライベートがあるのが原則なんですね。住み開きが話題になりやすいのは、プライベートを確保できていることが前提の上で、ちょっとだけ開くってところが改めて新鮮に映っているのかと。まぁ開き方にもいろんなバリエーションがあるのですが、田中さんのように、最初から開くことを前提に家を設計しているってことは、すごいことだなぁと思います。

田中　でも最近の若い子たちが、古い長屋を借りたりして、そこにみんなで集まって住むことに価値を見出していることって、増えているじゃないですか。私が若かったら、きっとそういうことをしてたと思うんですよ。

アサダ　そうかもしれないですね。今、シェアハウスをしたいと思っている若い人たちの中に、家賃が安くなるなどの経済的な魅力だけでなく、人との出会いが増えるとか、視野が広がるとか、そういう繋がりの価値を見出している人たちも増えてきていると思います。住まうこと自体が、社会活動化しているというか。

田中　それはいいことですね。

●美術とともにある生活　住み方という表現

アサダ　田中さんの住み方の中に、現代美術のコレクション活動が入り込んでいると思いますが。

田中　例えば、以前、村上隆さんのバルーン作品を上げてるところを見てみたいという声をもらって、家の中でやってみたんですよ。1回空気を入れてもらうのにそこそこ費用もかかるのですが、でも私は作品が人と人とを繋ぐのであれば、それほど楽しいことはないって思って、実行したんです。

集まることが大好きな私としては、お金が多少かかることは厭わず、とにかくいろんな人に観に来てほしかったんです。

アサダ　美術作品の力で人が集まってきて出会いが生まれる住み開き。素敵なことだと思います。

田中　仕事を退職した時に、「田中恒子美術館」としてこの家を20年間開くことを計画していたんです。でも1年半くらいやった後に、姉が亡くなって、その時、「そうか、人はいずれ死ぬんだ」という当たり前の事実に気づいてしまったんです。それで、自分が死ぬまでに自分が集めた美術作品の行く先を決めておかないといけないと思ったんです。私は、作家さんから作品を「買った」というよりは「預かった」という意識の方が強いんです。その作家さんからの預かり物が粗末に扱われたら大変だと。それで和歌山県立近代美術館に声をかけたんです。学芸員の方々に調査を依頼して、家に来ていただきました。作品を丁寧に調査してくださる様子を見ていて、「学芸員の方のところへ行けば、こんなにも作品は大切にされるんだ」と感じ、迷っていた心がはっきりしたんです。「このまま作品を美術館へ持っていってくださいますか」とその場で頼みました。

アサダ　やはり長年集められた作品と離れるのは寂しかったですか？

田中　寂しくないと言えば嘘になるけど、それよりも正直ホッとしました。「これで作品は守られたんだ」って思いでいっぱいになりました。作品っていうのは観てもらってこそ価値があるので。だから、私の家だけで観せるというのではなく、美術館でも観せるというあり方はやっぱり正解だったんだと思っています。これで、私の美術コレクター人生は終わると思ったんですけど……、ご覧のように、やっぱりまた買うんですよ（苦笑）。

アサダ　そのようですね（笑）。まだまだたくさん飾ってらっしゃる。その後、２００９年秋に和歌山近美で開催された「自宅から美術館へ――田中恒子コレクション展」は、ちょうど僕が「住み開き」のツアープロジェクトを始めた時期と近いという意味でもすごく注目しておりました。たくさんの来館者があって大成功の展覧会だったようですね。とにかくネーミングが素晴らしい。これまでは「誰某コレクション展」ってのはまあたくさんあったわけですが、おそらく「自宅から美術館へ」というこのプロセスに焦点をあて、メインタイトルとして謳った企画展って、日本のこれまでの美術展の中でもあまりなかったのではないかと思うんですよ。

田中　確かにそうかもしれませんね。

アサダ　だいたい、財閥とかのお偉いさんの個人蔵が元になって美術館ができるって流れはこれまでもあったとは思うんですけど、その場合は、その個人の方がもともと公的な立場を担っているような気がするんです。でも今回は、田中恒子という一個人の私的性質が前面に出てるというか。自宅という機能が公的な美術館にそのまま繋がるっていうコンセプトは、すごく現代的だと思いましたね。今の時代だからこそ、私と公が、ボーダレスに繋がったというか。

田中　確かに。私はあくまで一介の教員ですからね。

アサダ　あのタイトルのお陰で、観る人はきっとその私と公が繋がるサイクルをどこかで感じとってくれるのではないかと思いますし、まず単純に、恒子さんの自宅の様子を想像しますよね。「この作品群は田中恒子さんの家では一体どのように飾られていたんだろう?」と。

田中　実際に展覧会の入り口付近に並べられた奈良美智さんや今村源さんの作品は、私の家の玄関にあった作品なんですよ。だから学芸員さんも「これは田中さんのご自宅の玄関の様子です」と説明されてました。私の自宅の様子が、美術館で再現されているんですよ。

アサダ　一個人宅と美術館が展示の上で、「相似形」の関係だということですよね。

田中　私の場合は生活とアートが渾然一体なんですよ。作品も特別なものとして飾ってあるのではなく、家族の一員として一緒に居るというか。それに住まうこと自体がまさしく表現なんだと思っています。

アサダ　住居学者であり、美術コレクターでもある恒子さんのすべてが現れている考えであり、この家がまさしくその実践の場であることが、ひしひしと感じられました。ありがとうございます。

(2011.6.2)

住み開きからネクストステージへ

自宅から始めた小さな実験を経て、よりパブリックな場の運営へと移行していく事例がある。本書の取材中に「住み開き」を始めた場所が、数カ月後には場所はそのまま残し、自分たちの住居を別に構え出した事例、そして「住み開き」を始めた場所は、あくまで住居として残し、別のスペースを借り出した事例。

どちらも「職・住・公」一体型だったところを、「職・公」と「住」に、あるいは「職・住」と「公」に再分割してみる。面白いのは、「住み開き」が失敗だったわけではなく、むしろそこでの経験や人脈がきっかけとなり、「より開いてもらいたい」という社会的要求を自らが感じ取った結果のネクストステージであることだ。

前者の例として、東京都台東区の「LwP asakusa」（現在は閉鎖）が挙げられる。主人は、様々な都市計画やまちづくりに関わる今村ひろゆきさん、建築改修やフードデザインに関わるまりさんご夫妻。お二人で「ドラマチック」という屋号で活躍されている。２０１０年の夏、浅草にある築53年の元サンダル屋をご夫婦で借り、1階の土間をイベントスペース、2階を住居としてリノベーション。以前は大岡山で生活し、街のことを考える仕事をしているにもかかわらず、自分の住む街には寝に帰っているだけという状況を打開したかった。そこで、職住一体で街に関われる場として、浅草のこの物件に辿り着いたのだ。まずは、お二人とつながりのある、面白いクリエイターや社会起業家などを招いたトークサロンを開催。反響は上々。街に開いている場所だけに、街に責任感も生まれる。積極的に清掃活動に参加するようになる。そんな中、まりさんを中心に1階をカフェにするという案が浮上した。せっかくやるならちゃんと営業許可も取って、キッチン周りの増設もする話に。カフェとして開く方向を進めれば進めるほど、今度は2階に住んでいるということが改修に歯止めを利かせてしまう。本来は「職・住」に「公」が交わる仕組みを目指してきたが、ここで「住」を切り離す決断を下すことに。その代わりに1階のイベントで生まれた人脈を中心に、2階をシェアオフィスとして貸し出すことにした。自分たちの場所としての要素が大きかった「住み開き」が、このようにして完全に開かれることになる。お二人は現在、千駄木に家を借りて、浅草まで通う。住むことによって生まれる街とのつながりをなくさないように、以前よりいっそう、浅草のまちづくりに関わるようになったとのことだ。

そして後者の例。奈良県奈良市の市街地商業施設の中にある**「藝育カフェ**

Sankaku」。主人は、「藝育ディレクター」という肩書きで活動するやまもとあつしさん、パティシエの経験を持つあやこさんご夫妻。アーティストと鑑賞者が気軽に語り合え、ゆったりとお茶や軽食を楽しめるギャラリーカフェで2010年4月から運営が始まった。また単に鑑賞するだけでなく、ワークショップも積極的に展開。アートをつくる人、観る人、そしてそれを包み込む街も、アートの力によって育てていく。まさに「藝育」と名がつくそんな三角関係を促すコミュニケーションスペースなのだ。もともとこの場所をオープンする以前は、自宅を使った活動をしていた。2004年に奈良市帝塚山にて家を建てた。尊敬する建築家に設計を相談した際、「家にはテーマがないといけない」と教わる。あつしさんが目指したのは「室内」と「室外」がボーダレスに繋がるような家だった。広い庭の敷地に、全面ガラス張りの家。当時、材木屋であり、設計・施工も行なっていたあつしさんの自宅兼ショールームとして「住み開き」をした。また建物を見せるだけでは物足りず、もともとアート好きだったあつしさんは、「美術館に住む」というコンセプトを立ち上げ、展覧会を企画。お二人の友人だけでなく、作家のネットワークが家の中に入り込み、よりパブリックになってゆく。そして今度は見せるだけではなく、一緒に何かを作れる場所にしたいと、様々なワークショップを展開。滞在時間が延びればお腹もすくということで、あやこ

浅草の元サンダル屋を改装した「LwP asakusa」でのトークサロンの様子。

「美術館に住む」というコンセプトを体現したやまもと夫妻の自宅「aaLabo」。

さんが料理やお菓子を振る舞う。こんな形でどんどん家が開かれていったのだ。そしてここでの人脈を活かしつつも、もっと多くの人と出会える環境を作りたいとの想いを胸に、お二人は中心市街地にショップを借りることを決断する。それが現在の「Sankaku」である。あつしさんは「Sankaku」での活動を「自分たちの生活そのものをアンテナショップ化した」と答えた。

この話を聞いた僕は、はっとさせられる。今まで僕自身が提唱してきた「住み開き」は「家を開く」ことに焦点をあててきたのだが、どうも自分でも無意識のうちに「住むところ」＝「寝るところ」という考えが定着していたらしい。しかし、あつしさんのお話からは、「住むという行為自体を開く」という発想を改めて教わった。僕自身が今後より提唱していくべきことは、1日24時間における様々な行為をどのようにオープンソース化し、シェアしていくかであり、その答えは「住み開き」をネクストステージに向かわせるプロセスの中に存在することを知ったのだ。

おわりに

僕は今、とある病院の一室でこのあとがきを書いている。2003年に右目の持病で角膜手術を受けたことがあり、その角膜が8年たった現在、突如として潰瘍をおこした。原因はよくわからなかったが、とにかく治療が必要ということで、手術を受けた同病院で10日間の入院生活を送ることとなった。今日がその最終日である。右目は開かないが、身体はいたって健康で左目もいつも通りに使える。でも当然外出できないので、あらゆる仕事の予定を断わり、この本の最後の仕上げと、読書、そしてこれまで自分が活動してきたことを少し立ち止まって振り返ってみた。考えを巡らすと、まるで自分が手術をうけた8年前に戻ったような錯覚に陥る。2003年は自分にとってとても大きな出会いの年だった。今こうしてこの本を書いていることの、そもそもの発端の年が2003年。読者の皆さんに既に漂い始めているであろうこのセンチメンタルな空気感。よほど苦手でない限りぜひ最後まで読み進めてもらいたいのである。

時代はさらに遡って1990年代後半。僕は当時、大阪市立大学の法学部生であり、かつ音楽活動を精力的に行なっていた。当時、ドラマーとして参加していたバンドが、東京のそれなりに有名なレーベルからCDを出すという話になり、学業そっちのけでただひたすらライブとレコーディングの日々を送っていた。「音楽で食っていくぜ！」といった特段熱い思いがあったわけでもなかったが、でも「バンドをいい流れに乗せたい」とは思っていた。だから4回生になっても、リクルートスーツを着ることなく、2002年卒業と同時に「ザ・夢追いフリーター」のようになったのだ。時代が超就職氷河期であったことも、音楽活動の継続に都合良く動機を与えたのかもしれない。2002年は環境系の会社でアルバイトをした。2003年は印刷出版社で契約社員をした。その間にソロ活動を始めたり、新しいバンドに加入したり、また、音楽だけでなく実験映像や現代美術のシーンでも活動を広げたり。なんとか「生計を立てること」と「表現をすること」を両立させていた。しかしこの二軸の両立は一時的には成し得ても、継続することは決してたやすいことではなかった。

「時間的に厳しくなる」といった物理的な理由はあるにせよ、自分にとってこの両立を阻む最大の理由は精神的なものだった。それは「コミュニティ同士（会社と表現活動の現場）の関係性の断絶」からもたらされる苦痛である。会社では音楽の話はほとんどしなかったし、しようと思ってもできなかった。休憩時間や飲み会の席であっても、会社ではお互いのプライベートな趣味の話や、個人的な関心からくる突っ込んだ議論をすることは極めて稀だった。誰もが特段当たり障りのない会話でやり過ごしているように思えた。今思えば僕が正社員でなかったので（1人だけ風貌とかも変だったし……）、余計に周りもどう扱っていいのかわからなかったところもあっただろう。

僕としては、お互いがお互いの会社以外で所属しているコミュニティのエピソードを、少しだけでも共有できるような労働環境であれば、おそらくもっと気が楽であったろう。しかし、そんな会社をあてもなく探しまわるよりも、自分自身の考え方を根本的に変えない限り、この先を生き抜くことができないのではないか。それが、当時の僕の逼迫した心境だった。「生計を立てること」と「表現をすること」を両立させるだけでなく、融合させないといけない。つまり「表現を仕事にし、日常生活を表現へと読み替える」こと。僕はその時、自分の人生コンセプトとして「日常再編集」という言葉を掲げることを覚悟した。

以降、僕は様々なライブハウスやアートスペース、ギャラリー、カフェ、ミニシアターなどに頻繁に通うようになる。そしてそこの店員さんの話を聞いたり、企画を持ち込ませてもらったり。そんなことを続けていた2003年秋、「cocoroom」(正式名称：NPO法人こえとことばとこころの部屋)という場所に巡りあった。大阪市浪速区(現在は西成区)の経営破綻した都市型遊園地内にあるそのスペースでは、様々な表現者が集い、連日ライブや展示会、上映会などが開催されていた。また、いわゆるアーティストだけではなく、その周辺で働く日雇い労働者や福祉・まちづくり関係者も集まっていた。そして、代表である詩人・上田假奈代氏の活動テーマは「表現と自立と仕事と社会」。まさしく自分が抱えているテーマを実践している人が目の前にいる。そして、当時まだ、「表現を仕事にすること」に関する舵の切り方が皆目わからなかった僕の話を、彼女は丁寧に聞いてくれたのだ。そこからcocoroomでのボランティアをはじめ、1年後には常勤スタッフとして、音楽演奏や舞台制作をはじめ、様々な地域コミュニティにおける文化プロジェクトの構想・立案・演出・運営を手がけることになった。そして、2006年春以降は転々とキャリアを積み重ねつつ、同時にいろんな人にも迷惑をかけつつ、その延長線上に2008年秋以降の「住み開き」の提唱が位置づいている。

「住み開き」を提唱するにあたっては、実はネガティブな理由があった。その理由は、ある特定の地域コミュニティでプロジェクトを継続することに関するシステム的限界と自分の不甲斐なさにある。システム的限界とは、簡単に言えばお金の話である。こういったプロジェクトは文化振興やまちづくりに携わる行政セクターや企業の助成金などで成り立っていることが多い。単年度、長くても4年度分の契約が通常であり、後は実施するＮＰＯや任意団体の自主財源を絞り出さないといけない。そのためにカフェを開いたり、寄付を募ったり、新たな支援者を探したり。様々な知恵を絞っているＮＰＯは数多あるが、どこもかなり厳しい台所事情を抱えているのは事実だ。それと並行して自分自身の不甲斐なさとはまさしく、そういった新たな運営システムを発明できなかったこと。そして自分たちがその地域を去っても、地域住民が自律的にプロジェクトを展開していけるフェーズにまで、持ち上げきれなかった経験。こういった忸怩《じくじ》たる思いの中から、僕は活動の幅を、文化芸術分野だけでなく、都市計画分野や社会福祉分野にまで広げ、領域横断的に転用できるユニークな「コミュニティ表現」を立ち上げることを考えた。そして、最小単位で継続可能、なおかつ創造的で自律的なコミュニティの作り方を自分なりに模索した結果、「家」という存在に着目したのだ。「家を開く」ことでコミュニティが生まれる。そして開いている人同士をネットワークしていくハブを担う。そしてその状態を拡散させるための概念をメディア化する。そういった流れから「住み開き」という言葉が誕生した。

２００９年の春に本格的に「住み開き」に関する取材活動、訪問イベント企画、執筆などを始めてから、早いもので2年が経過した。その間に「３・11」の震災、原発問題が起きた。地域コミュニティに関わる活動をしているにもかかわらず、僕はこの間、何ひとつ社会の役に立てていないのではないか、と強い無力感と自己嫌悪に駆られてきた。自分ができることは、「住み開き」をしている人の活動を他者に伝えることと、この本をとにかく早く仕上げて世に放つこと、ただそれだけだった。一寸先もわからぬこの日本の状況下、この本が出版されるであろう時期には一体どういった現実が待ち構えているのだろう。この小さい本が日本の地域コミュニティの未来、ならびに日常生活における創造性に、少しでも光を灯すことができるのであれば、本当に嬉しい。

最後に各位に謝辞を述べたい。表現と仕事を融合させるきっかけを与えてくれた「cocoroom」の上田假奈代さん。そして「住み開き」提唱初期に展開していた「住み開きアートプロジェクト」の企画を全面的に一任してくれた２００９年当時の上司、「應典院」の秋田光彦住職と山口洋典主幹。企画の実動を担ってくれた「築港ＡＲＣ」プロジェクトチームの皆さん。そもそもの「住み開き」原体験を与えてくれた「２０８南森町」の皆さん。東京取材のきっかけを作ってくれた劇作家の岸井大輔さん。東京取材の際に宿と事務所を提供してくれた「浅草橋２２２２」の皆さん、写真撮影を手伝ってくれた石田峰洋くん。そして日常的に叱咤激励してくれたパートナーであるアートマネージャーの渡邉智穂。そして、本書のための取材に協力してくださったすべての「住み開き」実践者の方々。多忙な中、対話にお付き合いくださった三浦展さん、松本哉さん、山下陽光さん、田中恒子さん。そして、この本の実現のために最後まで努力を惜しまれなかった筑摩書房編集部の井口かおりさんに心よりお礼の気持ちを伝えたい。とにかく、皆さんのお陰でなんとかこのような本ができました。本当に、本当にありがとうございます。

２０１１年７月９日　大阪府狭山市　近畿大学医学部附属病院75病棟にて

アサダワタル

文庫版あとがきにかえて
「やめてもなお、住み開きをススメる理由」

単行本『住み開き 家から始めるコミュニティ』を出した2012年。僕は33年間住み続けた大阪を離れ、妻と猫2匹と滋賀県大津市の琵琶湖すぐ近くの築60年ほどの長屋に移住した。そこでもちょくちょく住み開きし、1階のすべての引き戸を外して20畳くらいの空間に20名ほどがひしめき合ってご飯を食べながら、何気ない話で盛り上がった。2013年には長女が生まれ、子どもの成長を披露するうえでも、年に数回ではあるけど住み開きし、友人たちが自分のお子さんを連れてきてくれたり、そのまた友人家族も連れられてと、「子ども」という存在が身近にある場に関心が向いた。また、町内会の副会長をすることになり、地域の方ともつながりができて、自宅に招いたりした。でも、だんだんと仕事が忙しくなってきて、僕は徐々に東京と滋賀の2拠点生活へと移行。また次女が生まれる2017年に東京に移住し、そのあとは住み開きを自然としなくなってしまった。

自分自身のこの経験から、僕は「住み開きをやめた人」について、よく考えるようになった。そしてこの増補版を書く上で、その課題と向き合わざるをえなくなったのだ。例えば、元写真館の千代さん。彼女は現在は、元の家を出て、旦那さんと近隣のマンションに引っ越しをした。「住み開き、やめることにしたの」という連絡は直接本人からいただいたのだが、その理由は特に聞いていなかった。でも、あるとき彼女のブログでこんなことが書かれていたのだ。


6年前の秋から、写真スタジオだった自宅で毎週一回、朝10時から4時頃まで玄関を開放して「自分の沢山あるアルバムを、亡くなる前に一冊に纏めてみよう～」というおもいで、近所の皆さんに「ご自由にお入り下さい」と貼り紙をしていた。

その次の年の2月。新聞に「アサダワタルさん」という人が「住み開き」という活動をしているのが掲載されていた。そして彼に連絡を取り、住み開きのメンバーとして、沢山の方に紹介してもらったり、テレビの取材を受けたり、新聞にも掲載してもらった。

地域の福祉協議会からも、ボランティアとして活動しませんかというお誘いも受けたが、私はその時ボランティアに魅力を感じなかったので、「ただ年寄りが縁側で遊んでいるだけですから～～」とお断りしていた。

そしてボチボチと4年程遊んでいた。何も成長しなかった。

成長させてやろうと言う、アサダさん始め、りす（アサダ注：神戸市にある編集プロダクション 有限会社りすのこと）の藤本さんもいろいろ手助けをしてくれましたが、年寄りの私はそれを若い方の邪魔をしている様な気になって、余り積極的ではなかった。

夫婦ともに年を重ね、足腰が衰えて来たのでマンションに引っ越す事にした。

それで住み開きは自然解消になった。

（「チヨのブログ」2015年09月22日〈火〉の投稿より）


このブログをたまたま発見したときは、正直言って胸が痛かった。「あぁ、僕は余計なことをしたのかもしれない」と後悔した。それから彼女と連絡を取ることもなくなってしまった。

また2012年から2017年まで大阪市北区中津で「住み開き511」というスペースをしていた田中冬一郎さんと、2016年にとあるトークイベントで共に登壇した際に、ざくっと「社会的な役割ばかりが取り上げられる〝住み開き〟に対する違和感」という話を聞き、（僕自身も書いて来たようにもちろんその違和感は感じてきたけど）、2017年に「住み開き」という看板を下げて、その後、マイクロシアターや選書書店などを始めていく流れを知り、「まぁいろいろやってみられて、思うことがあったんだろうなぁ」と思っていた。

そして、何よりも前述した通り、僕自身が「住み開き」をやめてしまった。簡単にいえば家族も仕事上も大変になってきて余裕がなくなったってことなのだが、結局、僕にとっては「そういった場づくりをすることそのものが思いっきり仕事」なので、わざわざ「家でまでやらなくなった」というのが本音だ。それでも各地の「住み開き事例」がメディアで取り上げられる際には、提唱者としてコメントを求められ、相変わらずその手の講演に呼ばれる中で「なんか自分はやってないのに何を人にススメてるんだろう、僕は……」と後ろめたい気持ちになっていたのだ。もう、提唱者のアサダとしては「住み開き」の果実も味わったうえで、それを他の場づくりに生かしているので、「自分はもういい」ってのがあったのだ。でもそれはなかなか公には言えなかった。

そんなモヤモヤを積み重ねていたなかで、ある日、千代さんのブログをたまたま読み返すことがあった。するとこんなことが書かれていたのだ。

F本さんは、私が「住み開き」で写真整理をしている時に、アルバムエキスポという催事で紹介をしてくれた人。私はその頃は「写真を整理する」ということに価値を見いだせなかった。が、彼と、「住み開き」の提案者のA田さんは、《写真を整理する事は価値が有る》と思っていろんなことを教えてくれた恩人です。だからこの3年ほど私も遅ればせながら、《面白み》がわかってきました。

（「チヨのブログ」２０１6年11月02日〈水〉の投稿より）

これは、彼女が進める「写真整理楽《がく》」というワークショップに関することで、直接「住み開き」についてのことではないけど、僕が嬉しかったのは、彼女の「写真整理楽」という表現の可能性が、カタチを変えつつ継続され（それはもちろんご本人の力の賜物だ）、その「継続」という流れのなかに、彼女の人生にとってちょっとお邪魔をしてしまった僕や（その流れもあって繋がった友人の編集者の藤本智士さん）が、彼女にとって決して悪い思い出ではなかった、無駄ではなかったということを知れた機会だった。千代さんという「私」が育まれるそのプロセスのなかに、ちゃんと「住み開き」という経験がどこかで生かされているのかもしれない。そんな希望を持てた瞬間だったのだ。

また前述の田中冬一郎さんは「住み開き511」の活動を終える際、その軌跡を電子書籍としてまとめたドキュメントの最後に、「今後住み開きを始めたいと検討している人たち」に向けてこのようなことを書いていた。

「誰も参加者が来なかった」としても「それはそれとして」あまり気にせず、それよりイベントスペースとしての「住み開き」に拘るのではなく、他者に自分を開く余地がある〝性善説での相手をまずは信じる「態度表明」を「住み開き」を通じて不特定多数の誰かに無言でしている〟と思って欲しい。それは僕という「自宅に他人を呼びたくない性分の人間」が「住み開き511」で個人的勇気で「自分自身を開く」チャレンジした結果として、頭で理解するよりも、そして言葉や数字で説明するよりも「精神的な豊かさ」をこの数年間感じているからこそ、強くお伝えしたいと思う。

（電子書籍『住み開き　2012↓』より。田中冬一郎さんの電子版著書であり、本書とは直接関係はない。詳しくは、http://p.booklog.jp/book/117227/read 参照。）

田中さんは、「私」に言及した。結局のところ、「住み開き」は他者を変える、地域を変える前に、「私」をこそ開き、「私」をこそ変えるのだと。そしてその「精神的な豊かさ」を体験したあとは、「住み開き」を卒業しても、おのずと「私」が気持ちよく自分らしさを「表現」することを諦めない、そんな態度がきっと人々のなかに根付くのだ。その「私」があってこそ、他者との間に「お互いの個性を尊重しあう心地よい関係性」を紡ぐことができるのではないか。そう、この「私」と「他者」を、ひいては「地域」を、「社会」を地続きに繋いでゆくアクション、それこそが「住み開き」だったのではないか。そんなことを改めて思い返したのだった。

そう思えてから、僕はこの増補版を書くことにけじめがついた。僕はこれからも「住み開き」を人にススメよう、と。そして、ようやくこうしてみなさんの手元に、新たな実践も含めて紹介することができていることを、とても嬉しく、清々しく思っている。

本書執筆にあたっては、「学森舎《がくしんしや》」の植田元気さん、「ギルドハウス十日町」の西村治久さんはじめ住民の方々、「くるくるハイツ」の天野百恵《もえ》さん、「いさざ会館」の浦岡雄介さん、「私《わたくし》カフェ」の庄川良平さん・美穂さんご夫妻、「つちのと舎《や》」の三瓶《さんべ》裕美《ひろみ》さん・浩己《ひろき》さんご夫妻、「たむろ荘」の本田美咲さん・秋山恵璃さんには、大変お世話になりました。そして、単行本の時から掲載させていただいた実践者の方々にもこの度、再びご協力いただきお礼申し上げます。また、執筆に際してインタビュー音源をまとめる補助をしてくださった、フリーランス編集者、ぽけっつの松永大地さん、そして、単行本の時も本書も編集をご担当くださった筑摩書房の井口かおりさんには、心より感謝いたします。

２０１９年10月吉日　東京都品川区の自宅兼個人オフィスにて

アサダワタル

解説　時代の変化と「住み開き」

山崎　亮

かつては当たり前だったことが、時代の変化とともに珍しいことになり、意味が変容して新しい兆しだと感じるようになることがある。「住み開き」や「家から始めるコミュニティ」（単行本時の副題）という本書のキーワードは、まさにそんな状況にある言葉だといえよう。２００８年に著者が提唱したこの言葉はいまも鮮度を保っている。コミュニティデザインや地域づくりに携わる立場から、歴史的な経緯とともに本書（２０１２年の単行本に、７軒の増補を加え文庫化）が広く現代の社会に紹介されることの意味を考えてみたい。

今でも中山間離島地域の家を訪れると目にすることだが、旧家にはだいたい広い客間と大量の食器が用意されている。家主に話を聞くと「このあたりにはカフェなどが少ないから、親戚や友人が集まるときはだいたい客間に招き、食事を楽しみながら話をしたり歌ったり踊ったりするのです」という。地域住民や仕事仲間が集まって会議するのも客間であり、そのまま宴会になり、泊まっていく人もいる。そのことを特段

「住み開き」と呼びはしないが、やっていることは本書に紹介された事例に近い。

ところが、中山間離島地域から都市に人が集まるようになると、広い屋敷に住むのが難しくなる。郊外住宅地で「核家族」が生活するようになると、広い客間と多くの食器は姿を消すことになる。親戚が周辺に住んでいるわけではないし、仕事も遠方へと通勤することになる。地域の人たちが集まる場合は集会所を予約するし、友人と集まるなら娯楽施設でお金を払って楽しむ。

さらに個人がスマートフォンを介して離れた友人とつながりながら生きるようになると、恋人や親しい友人以外が自宅を訪れる機会はほとんどなくなる。特にワンルームに住む若者や独居高齢者は、自宅に人を招く機会がめっきり減ることとなる。

こうした流れとともに「コミュニティ」という概念も変化する。旧家の広い客間が使われていた時代は、三世代が同居している自宅、周辺に住む親族、共同で仕事をする地域の人たちと同心円状にコミュニティが広がる（血縁型コミュニティ）。まさに「家から始まるコミュニティ」である。核家族が郊外に集まって住むことになると、同じ地域に住む人たちが組織する自治会などがコミュニティということになる（地縁型コミュニティ）。そして個人がスマートフォンを介して好きなときに集まるようになると、同じ興味を持つ人たちの集まりがコミュニティと呼ばれるようになる（興味型コミュニティ）。いま若い人たちに聞くと「コミュニティって同じ地域に住んでいる人たちっていう意味もあるんですか?」と驚かれる。彼らにとって「コミュニティ」とは気の合う仲間のことしか意味しないのだ。

そんな時代にあって「住み開き」は2008年よりもコミュニティがあいまいになった今こそ新鮮な響きを持つようになる。かつては当たり前だった「家から始まるコミュニティ」が、かえってこの時代に「家から始めるコミュニティ」としての可能性を帯びてくる。本書に登場する事例の多くは、血縁や地縁のコミュニティではなく、気の合う仲間が集まる興味型コミュニティを対象としている。しかも、集会所やカフェではなく自宅にコミュニティを呼び込む。つまり、血縁型@自宅↓地縁型@集会所↓興味型@カフェという流れのなかに、興味型@自宅という動きもあることを示し、その可能性について語っているのだ。

住み開きの可能性については本書のなかで具体的な事例とともに示されているので、説明する必要はないだろう。コミュニティデザインの視点からは、公《おおやけ》と私《わたくし》の関係についてだけ整理しておきたい。ある空間である活動が行われるとき、公と私の視点から組み合わせを考えると4種類が考えられる。①公の空間で公の活動(広場で音楽イベントなど)、②公の空間で私の活動(路上でバンドの演奏など)、③私の空間で私の活動(自宅で音楽鑑賞など)、④私の空間で公の活動(自宅でライブなど)。

以上のように整理するとき、空間と活動に公私のズレがあるところに面白い状況が

性を感じる。時代の変化が生み出した可能性だといえよう。④の「私の空間で公の活動」という点では、「住み開き」という概念に現代的な可能になる。公の空間に個人的な興味に基づく屋台を出して楽しむような活動だ。そして動」という点では、田中元子さんらが提唱する「マイパブリック」という概念が参考生まれる余地があるように感じる。つまり、②と④である。②の「公の空間で私の活

時代の変化とともに、まちのあり方も変わり続ける。まちは、そこに住む人たちの人生が積み重なってできあがっている。人生は日々の生活が積み重なっており、生活は活動が積み重なってできあがっている。活動は一人ひとりの意識から生まれている。つまり、時代の変化に合わせてまちが変わっていくためには、そこに住む人々の意識が変わり、活動が変わり、生活が変わり、人生が変わっていく必要がある。

私の空間で公の活動を展開する「住み開き」という概念とともに、公の空間で私の活動を展開することの可能性についても考えてみること。こうした意識から新しい活動が生まれることだろう。急いで活動を生み出す必要はない。注意深く観察すれば、まちにはすでに公私のズレを活かした興味深い活動が生まれていることに気づくはずだ。こうした活動が徐々に新しい生活をつくり、新しい人生を生み出し、結果的にまちを変化させる原動力になるはずだ。

（やまざき・りょう　コミュニティデザイナー）

本書は二〇一二年一月、筑摩書房より刊行された『住み開き――家から始めるコミュニティ』の副題を変え、本文の三項目を削り、一章分とコラム二本を増補したものです。

間取りの手帖 remix 佐藤和歌子

世の中にこんな奇妙な部屋が存在するとは！ 間取りと一言コメント。文庫化に当たり、間取りとコラムを追加し著者自身が再編集。（南伸坊）

驚嘆！ セルフビルド建築 沢田マンションの冒険 加賀谷哲朗

比類なき巨大セルフビルド建築、沢マンの全魅力！ 4階に釣堀、5階に水田、屋上に自家製クレーンも！ 帯文＝奈良美智（初見学、岡啓輔）

TOKYO STYLE 都築響一

小さい部屋が、わが宇宙。ごちゃごちゃと、しかし快適に暮らす、僕らの本当のトウキョウ・スタイルはこんなものだ！ 話題の写真集文庫化！

半農半Xという生き方【決定版】 塩見直紀

農業をやりつつ好きなことをする「半農半X」を提唱した画期的な本。就職以外の生き方、転職、移住後の生き方として。帯文＝藻谷浩介（山崎亮）

自分の仕事をつくる 西村佳哲

仕事をすることは会社に勤めること、ではない。仕事を「自分の仕事」にできた人たちに学ぶ、働き方のデザインの仕方とは。（稲本喜則）

ナリワイをつくる 伊藤洋志

暮らしの中で需要を見つけ月3万円の仕事を作り、それを何本か持てば生活は成り立つ。DIY・複業・お裾分けを駆使し仲間も増える。（鷲田清一）

フルサトをつくる 伊藤洋志 pha

都会か田舎か、定住か移住かという二者択一を超えて、もう一つの本拠地をつくろう！ 場所の見つけ方、人との繋がり方、仕事の作り方。（安藤桃子）

減速して自由に生きる 髙坂勝

自分の時間もなく働く人生よりも自分の店を持ち人と交流したいと開店。具体的なコツと、独立した生き方。一章分加筆。帯文＝村上龍（山田玲司）

自作の小屋で暮らそう 高村友也

好きなだけ読書したり寝たりできる。誰にも文句を言われず、毎日生活ができる。そんな場所の作り方。推薦文＝髙坂勝（かとうちあき）

スモールハウス 高村友也

家のローンに縛られ、たくさんの物で身動きできない人生なんてごめんだ。消費社会に流されず、小宇宙に住み自由に生きる。（佐々木典士）

セルフビルドの世界　石山修武＝文　中里和人＝写真

自分の手で家を作る熱い思い。トタン製のバー、貝殻製の公園、アウトサイダーアート的な家、０円〜５００万円の家、カラー写真満載！（渡邊大志）

建築の大転換　増補版　伊東豊雄　中沢新一

いま建築に何ができるか。震災復興、地方再生、エネルギー改革などの大問題を、第一人者たちが説き尽くす。新国立競技場への提言を増補した決定版！

釜ヶ崎から　生田武志

失業した中高年、二十代の若者、ＤＶに脅かされる母子――。野宿者支援に携わってきた著者が、「究極の貧困」を問う圧倒的なルポルタージュ。

へろへろ　鹿子裕文

最期まで自分らしく生きる。そんな場がないのなら、自分たちで作ろう。知恵と笑顔で困難を乗り越え、新しい老人介護施設を作った人々の話。（田尻久子）

次の時代を先に生きる　髙坂勝

都市の企業で経済成長を目指す時代は終わった。地域で作物を育てながら自分の好きな生業で生きよう。競争ではなく共助して生きる。（辻井隆行）

はじめての暗渠散歩　本田創／髙山英男／吉村生／三土たつお

失われた川の痕跡を探して散歩すれば別の風景が現れる。橋の跡、コンクリ蓋、銭湯や豆腐店等水に関わる店。ロマン溢れる町歩き。帯文＝泉麻人

ぼくたちに、もうモノは必要ない。　増補版　佐々木典士

23カ国語で翻訳。モノを手放せば、毎日の生活も人との関係も変わる。手放す方法最終リストを大幅増補し、80のルールに！（やまぐちせいこ）

賃貸宇宙　UNIVERSE for RENT（上）　都築響一

『TOKYO STYLE』の著者がその後九年をかけて取材した「大したことない人たち」の大したライフスタイル。上下巻テーマ別三百物件。

賃貸宇宙　UNIVERSE for RENT（下）　都築響一

「向上心」など持たないままに、実に楽しく居心地よく暮らす人たち。持ち家という名の首輪から解き放たれた、狭くて広い宇宙がここにある！

狂い咲け、フリーダム　栗原康　編

国に縛られない自由を求めて気鋭の研究者が編む。大杉栄、伊藤野枝、中浜哲、朴烈、金子文子、平岡正明、田中美津ほか。帯文＝ブレイディみかこ

ちくま文庫

住《す》み開《びら》き　増補版《ぞうほばん》
もう一《ひと》つのコミュニティづくり

二〇二〇年三月十日　第一刷発行

著　者　アサダワタル
発行者　喜入冬子
発行所　株式会社　筑摩書房
東京都台東区蔵前二―五―三　〒一一一―八七五五
電話番号　〇三―五六八七―二六〇一（代表）
装幀者　安野光雅
印刷所　三松堂印刷株式会社
製本所　三松堂印刷株式会社

ISBN978-4-480-43658-0 C0136